Sun Tzu für Lehrer

- die Kunst (d)eine Klasse zu führen -

Dirk Stecker

Bibliografische Information der Deutschen Nationalbibliothek:
Die Deutsche Nationalbibliothek verzeichnet diese Publikation in der Deutschen Nationalbibliografie; detaillierte bibliografische Daten sind im Internet über http://dnb.dnb.de abrufbar.

Herstellung und Verlag: BoD – Books on Demand, Norderstedt

ISBN: 978-3-7534-8001-5

Inhaltsverzeichnis

Vorwort

Hauptschule Baden-Württemberg, Englischvertretung, 9. Klasse, Aufgabe: »Schreibt in Gruppenarbeit einen fiktiven Brief an Schüler in England und beschreibt darin den Schulalltag in Deutschland.« Unabhängig voneinander schreiben zwei (von drei) Gruppen fast wortgleich:

»Um 7.50 Uhr beginnt der Unterricht, ab da machen wir Quatsch während der Lehrer versucht Unterricht zu machen. Um 10.00 Uhr ist fünfzehn Minuten Pause, danach machen wir wieder Quatsch, bis die Schule um 13.00 Uhr zu Ende ist. Dann gehen wir nach Hause. Hausaufgaben machen wir sowieso nicht.«

Ich war einigermaßen entsetzt, dass die Schüler selbst den Unterricht als »nicht stattfindend« sehen. Sie bestätigen mir auf Nachfrage, dass ihr Alltag nur wenig mit Schule zu tun hat und sie die Zeit nur absitzen.

»Warum ist das so? Seid ihr damit zufrieden?«, frage ich. - »Keine Ahnung, ist halt so. Nein, zufrieden sind wir damit nicht. Es ist langweilig und laut«, bekomme ich zur Antwort. - »Und warum ändert ihr das dann nicht?« - »Es gibt Lehrer, bei denen arbeiten wir mit – bei anderen gar nicht«, sagten sie weiter. - »Und warum ist das so?« - »Keine Ahnung«

Gleichermaßen habe auch ich keine Idee was wirklich hinter diesem Verhalten steckt und und auch in der Ausbildung zum Lehrer lernte ich lediglich ein paar »Tricks« eine Klasse zu beruhigen, die manchmal funktionierten, manchmal nicht und eher für den Grundschulbereich zu gebrauchen sind, als für heranwachsende Jugendliche.

Eine grundlegende Konzeption wie man eine Klasse motiviert und führt suchte ich vergebens. Lange hatte ich den Eindruck, dass eine Art Vorbestimmung oder ein Naturtalent notwendig ist, ob man eine Gruppe Schüler führen kann und ob man von den Schülern akzeptiert wird oder nicht.

Die Ratgeber, die ich bei der Recherche dazu gefunden hatte, waren von Lehrer geschrieben, die ihren eigenen Weg gefunden hatten und dachten, dieser ließe sich eins zu eins auf andere Lehrer und andere Situationen übertragen. Jedoch waren das überwiegend spezielle Dinge, die ich weder selbst einsetzen, noch weitergeben konnte, denn dann wären weder ich oder die ratsuchenden Lehrer authentisch geblieben.

Eines Tages empfahl mir mein Kampfsporttrainer das Buch von Sun Tzu »**Die Kunst des Krieges**« um meine taktischen Fähigkeiten im Kampfsport ausbauen zu können. Ich las das Buch und mit jeder Zeile die ich las, wurde mir klarer, dass hier nicht nur die Antwort auf meine Fragen zum Kampfsport lagen, sondern auch zur Klassenführung.

Sun Tzu schrieb sein außergewöhnliche Buch vor ungefähr zweieinhalbtausend Jahren in China. Es ist das Standardwerk für Militär- und Geheimdienstmitarbeiter, aber es findet auch immer mehr Anwendungen in Seminaren zu Unternehmensführung, Firmenpolitik und Mitarbeiterführung.

In Schulen, oder gar der Lehrerausbildung, habe ich es bislang nicht erwähnt gefunden und ich hoffe diesen Umstand mit diesem Buch zu ändern.

Da die Problemfelder in den Schulen so vielfältig wie das Leben sind, soll das Buch eine Anleitung, aber auch eine Fundgrube zur eigenen Interpretation sein.

Ich selbst habe viele Jahre an verschiedenen Schulen unterrichtet (Klassenstufe 1 bis 10 Grund-, Haupt- und Realschule), eine Vorbereitungsklasse (Flüchtlinge), Abendhauptschule, Schule für Krankenpflege, an Brennpunktschulen und in verschiedenen sozialpäd-agogischen Projekten, die vor allem den Übergang zwischen Schule und Beruf ermöglichen oder vereinfachen sollten. Ich habe Maßnahmen zur beruflichen Eingliederung geleitet (erwachsene Langzeitarbeitslose) und auch mehrere Maßnahmen zur beruflichen Orientierung mit Schwerbehinderten (Jugendlichen und Erwachsenen) durchgeführt.

Aufgrund dieser vielfältigen Tätigkeiten hatte ich, unter anderem, Kontakt zu vielen »problembeladenen Jugendlichen«, aber auch zu verzweifelten und überforderten Schulleitern, Lehrern und Eltern.

Ich musste miterleben, wie junge Kolleginnen unter dem Druck des täglichen Unterrichts zusammenbrachen, stationär oder ambulant psychologisch und psychiatrisch behandelt werden mussten. Im Rahmen der sozialpädagogischen Arbeiten an Schulen beklagten sich Rektoren (hinter vorgehaltener Hand) wie viele Lehrer alkoholkrank sind oder auf andere Drogen zurückgreifen müssen, um den Schulalltag überhaupt durchstehen zu können. Selbst an ländlich geprägten kleinen Hauptschulen waren Lehrer psychisch soweit am Ende, dass sie eigentlich nicht mehr unterrichten konnten. Aber, wie mir ein Schulleiter sagte: »Was soll ich denn machen? Ich brauche jeden Kollegen.«

Schüler beklagten sich über tägliche Kopfschmerzen in oder nach der Schule, über Gewalt in den Pausen oder auch im Unterricht und gestanden mir ihre Drogenexzesse und regelmässige Alkoholeskapaden.

Eltern berichteten mir über die Hilflosigkeit ihre Kinder nicht mehr im Griff zu haben, oder auch, dass sie sich gegen Lehrer und deren Akte der Willkür nich wehren können.

Interessant ist, dass diese ganzen Äußerungen nur im Vertrauen und niemals offen thematisiert wurden. Die Angst als Versager da zu stehen überwiegt bei allen die an der Erziehung der Kinder und Jugendlichen teilhaben.

Leider völlig zu unrecht, denn wie Karl May sagte:

»In dem Augenblick, da der Mensch einen seiner Fehler erkennt, ist er nicht mehr identisch mit ihm; der Fehler ist zum Objekt geworden, und die Verantwortlichkeit des Subjekts beginnt.«

Einführung

Sun Tzus »Die Kunst des Krieges« erlebte die letzten Jahre eine wahre Auferstehung. Vor allem die Universalität und Interpretierbarkeit erlauben die Projektion auf den Schulalltag, da die Lehrer ihre Klassen, letztlich wie Generäle ihre Truppen, führen und kontrollieren müssen.

Die grundlegenden Strategien Sun Tzus:

- »Gewinnen, ohne zu kämpfen und erreiche so das Ziel, ohne es zu zerstören«

- »Der Stärke ausweichen und die Schwäche angreifen«

- »Vorbereitung und Geschwindigkeit, sich schnell bewegen«

- »Den Feind formen, indem man ihn zur richtigen Zeit und am richtigen Ort trifft«

- »Auf Charakter basierende Führung oder Führung anhand von Beispielen«

Im Folgenden sind einzelnen Kapitel Sun Tzus aufgeführt. Jedoch habe ich nur die meines Erachtens relevanten Teile für die Schule bearbeitet.

Die Schwerpunkte der Interpretationen und Erläuterungen liegen auf Auseinandersetzungen mit einzelnen Schülern oder einer ganzen Klasse.

Die »Gefechte«, die manche Lehrer mit Eltern, Vorgesetzten und Kollegen austragen müssen, kann ich nicht hinreichend beleuchten.

Aus diesem Grund ist der Originaltext im zweiten Teil angefügt, so dass sich jeder interessierte Leser ein eigenes Bild über die Worte Sun Tzus machen und seine eigenen Schlüsse, zu seinen individuellen Anliegen, ziehen kann.

Sun Tzus Lehren können uns im Schulalltag die Weisheit geben, die wir brauchen, damit unsere Kinder »in Frieden und Wohlstand« (Sun Tzu) aufwachsen.

1. Ein Gleichnis

Es könnte gut sein, dass die nachfolgende Geschichte sich genauso zugetragen hat. Für Lehrer ist sie natürlich nur als Gleichnis zu sehen und soll einen Einstieg in die Welt und die Lehren Sun Tzus sein.

Leider ist über Sun Tzu selbst nur wenig bekannt. Es ist nicht überliefert, wann er die dreizehn Kapitel niederschrieb. Manche datieren sie auf das Jahr 500 v. Chr., in die Zeit des Königreichs von Wu, manche auch auf etwa 300 v. Chr.

Etwa um 100 v. Chr. schrieb Sima Qian, einer seiner Chronisten, diese Biographie:

Sun Tzu, dessen Vorname Wu war, stammte aus dem Staate Qi. Sein Buch »Die Kunst des Krieges« erregte die Aufmerksamkeit Helus, des Königs von Wu. Helu sagte zu ihm: »Ich habe deine dreizehn Kapitel sorgfältig studiert. Darf ich deine Theorie über die Führung von Soldaten einer kleinen Prüfung unterziehen?«

Sun Tzu erwiderte: »Das dürft Ihr.«

Der König fragte: »Darf sich die Prüfung auch auf Frauen beziehen?«

Wieder stimmte Sun Tzu zu und so wurden Vorbereitungen getroffen, hundertachtzig Damen aus dem Palast zu holen.

Sun Tzu teilte sie in zwei Kompanien und stellte je eine der Lieblingskonkubinen des Königs an die Spitze der Abteilungen.

Dann ließ er sie alle einen Speer in die Hand nehmen und sprach zu ihnen die Worte: »Ich nehme an, dass ihr den Unterschied zwischen vorne und hinten und rechts und links kennt.«

Die Mädchen erwiderten: »Ja.«

Sun Tzu fuhr fort: »Wenn ich sage »Augen geradeaus«, dann müßt ihr nach vorn blicken. Wenn ich sage »links um«, dann müßt ihr euch nach links drehen. Wenn ich sage »rechts um«, dann müßt ihr euch nach rechts drehen. Wenn ich sage »kehrt«, dann müßt ihr euch rechtsherum umdrehen.«

Die Mädchen hatten auch dies verstanden. Als damit die Befehle erklärt waren, ließ er Hellebarden und Streitäxte ausgeben, um den Drill zu beginnen.

Dann gab er zu einem Trommelwirbel den Befehl: »Rechts um«, doch die Mädchen brachen nur in Lachen aus.

Sun Tzu sagte geduldig: »Wenn die Kommandoworte nicht klar und deutlich sind, wenn die Befehle nicht richtig verstanden werden, dann trifft die Schuld den General.« Er machte mit dem Drill weiter und gab diesmal den Befehl »Links um«, worauf die Mädchen abermals Lachkrämpfe bekamen.

Da sagte er: »Wenn die Kommandos nicht klar und deutlich sind, wenn die Befehle nicht richtig verstanden werden, dann trifft die Schuld den General. Doch wenn seine Befehle *klar* sind und die Soldaten dennoch nicht gehorchen, dann ist es die Schuld der Offiziere.« Darauf gab er den Befehl, die Anführerinnen der beiden Kompanien zu enthaupten.

Der König von Wu beobachtete das Geschehen vom Dach eines Pavillons aus, und als er sah, dass seine Lieblingskonkubinen enthauptet werden sollten, er-

15

schrak er sehr und schickte eilig die folgende Botschaft hinunter: »Wir sind zufrieden mit der Fähigkeit unseres Generals, die Truppen zu führen. Wenn wir dieser beiden Konkubinen beraubt werden, wird unser Essen und Trinken den Geschmack verlieren. Wir wünschen nicht, dass sie enthauptet werden.« Sun Tzu erwiderte noch geduldiger: »Nachdem ich einmal die Ernennung Eurer Majestät zum General der Streitkräfte erhalten habe, gibt es gewisse Befehle Eurer Majestät, die ich, wenn ich als solcher handle, nicht akzeptieren kann.«

Und seinen Worten getreu ließ er die beiden Anführerinnen sofort enthaupten und setzte die nächsten beiden als Anführerinnen an ihre Stelle. Daraufhin wurde wieder die Trommel zum Drill geschlagen. Die Mädchen machten alle Schritte, drehten sich nach rechts oder nach links, marschierten geradeaus oder machten kehrt, knieten oder standen, und alles mit höchster Genauigkeit und Gewissenhaftigkeit, und keine wagte, einen Laut von sich zu geben.

Dann schickte Sun Tzu einen Boten zum König und ließ ihm ausrichten: »Herr, Eure Soldaten sind jetzt richtig ausgebildet, sie halten Disziplin und sind bereit für die Inspektion durch Eure Majestät. Sie können zu jedem Zweck eingesetzt werden, den ihr Herrscher im Sinn haben mag. Fordert sie auf, durch Feuer und Wasser zu gehen, und sie werden sich nicht weigern.«

Doch der König erwiderte: »Der General soll den Drill einstellen und ins Lager zurückkehren. Wir haben nicht den Wunsch, hinunterzugehen und die Truppen zu inspizieren.«

Darauf erwiderte Sun Tzu ruhig: »Der König schätzt schöne Worte, doch er vermag sie nicht in Taten umzusetzen.«

Da sah der König von Wu, dass Sun Tzu ein Mann war, der ein Heer zu führen wußte, und ernannte ihn in aller Form zum General. Sun Tzu unterwarf im Westen den Staat Chu und drang bis nach Ying, der Hauptstadt, vor; im Norden versetzte er die Staaten Qi und Qin in Angst und Schrecken, und sein Ruhm breitete sich unter den Lehnsfürsten aus. Und Sun Tzu hatte Teil an der Macht des Königreiches.

So wurde Sun Tzu ein General des Königs von Wu. Beinahe zwei Jahrzehnte lang blieben die Armeen von Wu siegreich über ihre Erbfeinde, die Königreiche von Yue und Chu.

Irgendwann in dieser Periode starb Sun Tzu, und sein Herr, der König von Wu, fiel im Kampf. Einige Jahre lang gehorchten seine Nachfolger den Anweisungen Sun Tzus und blieben siegreich. Und dann vergaßen sie sie.

Im Jahre 473 v. Chr. wurden die Armeen von Wu geschlagen und das Königreich wurde ausgelöscht.

Mache zum Gegenstand deiner Meditation

Sind deine Anweisungen so klar, dass die Schüler sie verstehen?

Welche Schüler sind in deiner Klasse Offiziere? Wie kannst du diese Schüler dazu bringen deinen Anweisungen zu folgen? (Sollte dir jetzt nichts dazu einfallen, dann folgen mögliche Ansätze im Text)

Bist du mit deinen Handlungen so selbstbewusst wie es Sun Tzu mit seinen war, als er sich gegen den König stellte und die zwei Konkubinen köpfen ließ?

Welche Aufgabe ist dir als Lehrer übertragen worden und wie führst du diese Aufgabe aus?

2. Beginn

Sun Tzu beginnt mit den Worten:

»Die Kunst des Krieges ist für den Staat von entscheidender Bedeutung. Sie ist eine Angelegenheit von Leben und Tod, eine Straße, die zur Sicherheit oder in den Untergang führt. Deshalb darf sie unter keinen Umständen vernachlässigt werden.«

An anderer Stelle schreibt er: »... denn das wahre Ziel des Kriegs ist der Frieden.«

»Die Kunst des Krieges« zeigt, wie man die Initiative ergreift und den Feind bekämpft, die eigenen Truppen zusammenhält und dazu bringt alles für ihren General zu tun. Nicht umsonst wird das Werk Sun Tzus als »bedeutsamer Schritt hin zur Erstarkung von Chinas sanfter Kraft« gesehen. Ziel ist also nicht der Krieg (auch nicht im Klassenzimmer), sondern der Friede.

Sun Tzu schreibt:

»Wenn du den Feind und dich selbst kennst, brauchst du den Ausgang von hundert Schlachten nicht zu fürchten«

Dieser zentrale Satz seines Werkes sollte auch für den Lehrer maßgebend sein.

Der kleine Bruder

An einer Brennpunktschule, Klasse sieben, bekomme ich eines Tages einen neuen Schüler.

Er macht auf mich einen fast schon hinterhältigen, gefährlichen Eindruck und ich habe das Gefühl, ich muss auf ihn besonders gut aufpassen, damit er die gut funktionierende Klasse nicht durcheinander bringt.

Einige Tage später: Er kommt mit einem blauen Auge zur Schule. Meine Annahme scheint sich also zu bestätigen - ein Schlägertyp!

Um sicher zu gehen frage ich ihn in einer ruhigen Minute im Werkunterricht scheinbar nebenbei: »Woher hast du das blaue Auge?«

Er erzählt lachend: »Mein kleiner Bruder ist vier Jahre alt. Wir haben uns gestern herrlich gerauft und dabei hat er mir aus Versehen das blaue Auge geschlagen.«

Ich bin baff. Die liebevolle Art, mit der er über seinen kleinen Bruder erzählt, hat meine Ansichten über den Jugendlichen völlig verworfen und ich begreife, dass ich voller Vorurteile über ihn war und ihn zu Unrecht als »Feind« eingestuft hatte.

Eine »Schlacht« ist von ihm aus nicht zu befürchten. Ich habe einen »Feind« kennengelernt und ihn dadurch als Feind verloren.

Mache zum Gegenstand deiner Meditation

Wie sehr kennst du deine Schüler wirklich und hast du Vorurteile gegenüber deinen Schülern?

Wie sehr kennst du dich?

(Im weiteren Verlauf des Buches werden beide Fragen vertieft)

Sun Tzu sagt:«

3. Planung

Die Kunst des Krieges wird von fünf konstanten Faktoren bestimmt, die alle berücksichtigt werden müssen. Es sind dies:

das Gesetz

1. *der Moral*

2. *Himmel*

3. *Erde*

4. *der Befehlshaber*

5. *Methode und Disziplin*

Das Gesetz der Moral veranlaßt die Menschen, mit ihrem Herrscher völlig übereinzustimmen, so dass sie ihm ohne Rücksicht auf ihr Leben folgen und sich durch keine Gefahr erschrecken lassen.

Himmel bedeutet Nacht und Tag, Kälte und Hitze, Tageszeit und Jahreszeit.

Erde umfaßt große und kleine Entfernungen, Gefahr und Sicherheit, offenes Gelände und schmale Pässe, die Unwägbarkeit von Leben und Tod.

Der Befehlshaber steht für die Tugenden der Weisheit, der Aufrichtigkeit, des Wohlwollens, des Mutes und der Strenge.

Methode und Disziplin müssen verstanden werden als die Gliederung der Armee in die richtigen Untereinheiten, die Rangordnung unter den Offizieren, die Behauptung der Straßen, auf denen der Nachschub zur Armee kommt und die Kontrolle der militärischen Ausgaben.

Diese fünf Faktoren sollten jedem General vertraut sein. Wer sie kennt, wird siegreich sein; wer sie nicht kennt, wird scheitern. (...)

Wenn du also die militärischen Bedingungen bestimmen willst, dann treffe deine Entscheidungen auf Grund von Vergleichen in folgender Weise:

1. *Welcher der beiden Herrscher handelt im Einklang mit dem Gesetz der Moral?*

2. *Welcher der beiden Generäle hat mehr Möglichkeiten?*

3. *Bei wem liegen die Vorteile, die Himmel und Erde gebieten?*

4. *Auf welcher Seite wird die Disziplin strenger durchgesetzt?*

5. *Welche Armee ist die Stärkere?*

6. *Auf welcher Seite sind Offiziere und Mannschaften besser ausgebildet?*

7. *In welcher Armee herrscht die größere Gewissheit, dass Verdienste angemessen belohnt und Missetaten sofort geahndet werden?*

Mit Hilfe dieser sieben Bedingungen kann ich Sieg oder Niederlage voraussagen.

Der General, der auf meinen Rat hört und nach ihm handelt, wird siegen – belasse einem solchen das Kommando!

Der General, der nicht auf meinen Rat hört und nicht nach ihm handelt, wird eine Niederlage erleiden – einen solchen musst du entlassen!

Wenn der Feind in allen Punkten sicher ist, dann sei auf ihn vorbereitet.

Wenn er an Kräften überlegen ist, dann weiche ihm aus.

Wenn dein Gegner ein cholerisches Temperament hat, dann versuche ihn zu reizen.

Gib vor, schwach zu sein, damit er überheblich wird.

Wenn er sich sammeln will, dann lasse ihm keine Ruhe.

Wenn seine Streitkräfte vereint sind, dann zersplittere sie.

Greife ihn an, wo er unvorbereitet ist, tauche auf, wo du nicht erwartet wirst.

Der General, der eine Schlacht gewinnt, stellt vor dem Kampf im Geiste viele Berechnungen an.

Der General, der verliert, stellt vorher kaum Berechnungen an.

So führen viele Berechnungen zum Sieg und wenig Berechnungen zur Niederlage – überhaupt keine erst recht!

Indem ich diesem Punkt Aufmerksamkeit widme, kann ich voraussagen, wer siegen oder unterliegen wird.«

Lehrer gegen Schüler

Als ich in der zwölften Klasse Gymnasium selbst Schüler war, hatte eine Klassenkameradin beschlossen das Schuljahr zu wiederholen, da ihre Noten nicht für ein zufriedenstellendes Abitur ausreichen würden.

In den letzten Wochen des Schuljahres hatte sie verständlicherweise kein großes Interesse mehr dem Unterricht zu folgen und so blieb sie der Schule (unentschuldigt) fern.

Daraufhin beantragte mein Klassenlehrer bei der Schulleitung, dass diese Schülerin von der Schule komplett ausgeschlossen werden sollte, also das Schuljahr nicht wiederholen dürfe.

Die Schulleitung kam dem Wunsch des Lehrers zum Glück nicht nach, jedoch erreichte der Lehrer damit, dass die Klasse sich gegen ihn auflehnte, da meine Mitschüler und ich kein Verständnis für seine Aktion hatten.

Er versuchte dem aufsteigenden Zorn Entgegenzuwirken, in dem er immer wieder einzelne Schüler isolierte und versuchte eine Front gegen sie zu errichten. Er redete schlecht über sie oder machte sich über sie lustig. Sein Ziel war offensichtlich, dass er von sich ablenken wollte und hoffte seine »Armee« so zu stärken.

Die Folge war jedoch, dass es immer mehr in der Klasse rumorte und einzelne Schüler stachelten im Gegenzug die anderen auf, sich gegen den Lehrer zu stellen. Und diese Schüler waren viel erfolgreicher!

Es wurden Streiks und Beschwerde bei der Schulleitung vorgeschlagen, aber auch körperliche Gewalt wurde ernsthaft in Erwägung gezogen.

Sun Tzu liefert die Erklärung für die Zuspitzung. Der Lehrer handelte nicht im Einklang mit der Moral von uns Schülern. Die »Offiziere der Klasse« konnten aufzeigen wie falsch der Lehrer handelte und so wurde ihre Anhängerschaft immer stärker, während seine immer schwächer wurde.

Ich vermute, nur das endende Schuljahr hatte ihn letztlich vor Übergriffen seitens der Klasse bewahrt.

Mache zum Gegenstand deiner Meditation

1. Moral: handelst du, aus Sicht der Schüler, moralisch einwandfrei?

2. Himmel: Die Schüler durchlaufen schwierige Zeiten.

   Nimmst du Rücksicht auf ihren Tagesablauf?

   Wie ausgeschlafen sind die Schüler?

   Wie viele Stunden Unterricht (welchen und bei wem?) haben sie schon hinter sich, wie viele noch vor sich?

   Gibt es sonstige Ereignisse, die die Aufmerksamkeit stören? (Feste, Fußballweltmeisterschaft, Geburtstag, Todesfälle, etc.)

3. Erde: wie schwierig ist das Thema für die Schüler?

   Können die Schüler deinem Unterricht überhaupt folgen? (siehe auch im folgenden Text)

   Welche Gefahren gibt es für den Schüler in seinem Alltag? (Probleme der Eltern, Geldsorgen, Beziehungsprobleme, ...)

   Ist der Schüler eingeengt oder fühlt er sich vielleicht allein und verlassen? (Es geht nicht darum, dass du die Probleme der Schüler lösen kannst, es geht darum, dass du sie kennst.)

   Kannst du den Schülern Sicherheit geben? Auch in Konflikten außerhalb der Schule? (Zumindest soweit, dass sich die Schüler in der Schule sicher und geborgen fühlen.)

4. Der Befehlshaber, das bist du, und hier kann ich Sun Tzu direkt zitieren, »steht für die Tugenden der Weisheit, der Aufrichtigkeit, des Wohlwollens, des Mutes und der Strenge.« Überprüfe dich auf diese Anforderungen.

5. Methode und Disziplin: Auf welche Weise, und mit welcher Konsequenz, setzt du Methode und Disziplin durch, wie machen das störende Schüler mit ihren Klassenkameraden?

Mache zum Gegenstand deiner Meditation

Vergleich Lehrer / Schüler:

1. Welcher der beiden Herrscher (du oder der/die Schüler) handelt im Einklang mit dem Gesetz der Moral? (Moral der Schüler!)

2. Welcher der beiden Generäle hat mehr Möglichkeiten? (du oder der Schüler?)

3. Bei wem liegen die Vorteile, die Himmel und Erde bieten (Wer ist näher an der Lebenswelt der Schüler)?

4. Auf welcher Seite wird die Disziplin strenger durchgesetzt?

5. Welche Armee ist die Stärkere? (ist die Mehrheit der Klasse auf deiner Seite oder auf der des Schülers?)

6. Auf welcher Seite sind Offiziere und Mannschaften besser ausgebildet? (du, um das störende Verhalten zu stoppen oder die Schüler um das störende Verhalten zu fördern)

7. In welcher „Armee" herrscht die größere Gewissheit, dass Verdienste angemessen belohnt und »Missetaten« sofort geahndet werden?

Bei den folgenden Kapiteln habe ich die Reihenfolge zum Original verändert und sie nach ihrer Wichtigkeit für den Unterricht sortiert.

Sun Tzu sagt:«

4. Terrain

(...)

Manchmal gerät eine Armee in eine Notlage, die keine natürlichen Gründe hat, sondern auf Fehlern beruht, für die der General verantwortlich ist.

Dies sind:

1. *Flucht;*

2. *Insubordination* (Def.: Zur Insubordination zählen Achtungsverletzung im Dienst; Beleidigung von Vorgesetzten; Ungehorsam; Gehorsamsverweigerung; Widersetzlichkeit; Tätlicher Angriff; Aufforderung anderer zur Insubordination; Untergraben der Autorität, vgl. Wikipedia)

3. *Zusammenbruch;*

4. *Ruin;*

5. *Desorganisation;*

6. *Niederlage.*

Wenn zwei Streitkräfte aufeinanderprallen, von denen die zweite zehnmal so groß ist wie die erste, so wird, vorausgesetzt, die anderen Bedingungen sind gleich, das Ergebnis die Flucht der Ersten sein.

Wenn die gemeinen Soldaten zu stark und die Offiziere zu schwach sind, dann ist das Ergebnis Insubordination.

Wenn die Offiziere zu stark und die gemeinen Soldaten zu schwach sind, ist das Ergebnis der Zusammenbruch.

Wenn die höheren Offiziere zornig und ungehorsam sind und bei der Berührung mit dem Feind nach eigenem Ermessen und aus einem Gefühl der Abneigung heraus zur Schlacht rufen, bevor der Oberbefehlshaber entscheiden kann, ob die Position für einen Kampf geeignet ist oder nicht, dann ist das Ergebnis Ruin.

Wenn der General schwach ist und ohne Autorität; wenn seine Befehle nicht klar und deutlich sind; wenn den Offizieren und Mannschaften keine festgelegten Pflichten übertragen sind und die Reihen unordentlich und willkürlich aufgestellt werden, ist das Ergebnis schlimmste Desorganisation.

Wenn ein General, der nicht fähig ist, die Stärke des Feindes einzuschätzen, zulässt, dass eine unterlegene Streitmacht eine Überlegene angreift, oder wenn er eine schwache Abteilung gegen eine starke in den Kampf wirft und es versäumt, ausgewählte Soldaten in die erste Reihe zu stellen, muss das Ergebnis die Niederlage sein.

Es gibt sechs Möglichkeiten, die Niederlage herauszufordern:

1. *das Versäumnis, die Stärke des Feindes einzuschätzen;*

2. *das Fehlen von Autorität;*

3. *unzureichende Ausbildung;*

4. *ungerechtfertigter Zorn;*

5. *Nichtbeachtung der Disziplin;*

6. *das Versäumnis, ausgewählte Männer einzusetzen.*

All dies muss umsichtig von dem General beachtet werden, der einen verantwortungsvollen Posten inne hat.

Die natürliche Geländeform ist der beste Verbündete des Soldaten; doch die Fähigkeit, den Feind einzuschätzen, die zum

Sieg führenden Kräfte zu kontrollieren, die Schwierigkeiten, Gefahren und Entfernungen genau zu kalkulieren - dies ist die Prüfung für einen großen General. Wer diese Dinge kennt und im Kampf sein Wissen in die Praxis umsetzt, gewinnt seine Schlachten. Wer sie nicht kennt oder sein Wissen nicht in der Praxis beweist, wird gewiß geschlagen.

Wenn sicher ist, dass der Kampf mit einem Sieg endet, dann musst du kämpfen, auch wenn der Herrscher es verbietet; wenn der Kampf nicht mit einem Sieg enden wird, dann darfst du nicht kämpfen, auch wenn der Herrscher es befiehlt.

Der General, der angreift, ohne nach Ruhm zu schielen, und sich zurückzieht, ohne Ungnade zu fürchten, dessen einziger Gedanke der Schutz des Landes und der Dienst für seinen Herrscher ist, dieser General ist das Juwel des Königreichs.

Betrachte deine Soldaten wie deine Kinder, und sie werden dir in die tiefsten Täler folgen; betrachte sie wie deine geliebten Söhne, und sie werden bis zum Tod an deiner Seite stehen.

Wenn du aber nachgiebig bist, jedoch unfähig deine Autorität durchzusetzen; freundlich im Herzen, jedoch unfähig deinen Befehlen Gehör zu verschaffen; und wenn du außerdem unfähig bist aufkommende Unruhe zu unterdrücken, dann werden deine Soldaten verdorbenen Kindern ähneln. Sie sind nutzlos für jeden praktischen Zweck.

Wenn wir wissen, dass unsere Männer zum Kampf bereit sind, doch übersehen, dass der Feind nicht angegriffen werden kann, dann haben wir nur den halben Weg zum Sieg zurückgelegt.

Wenn wir wissen, dass der Feind angegriffen werden kann, doch übersehen, dass unsere Männer nicht kämpfen können, dann haben wir nur den halben Weg zum Sieg zurückgelegt.

Wenn wir wissen, dass der Feind angegriffen werden kann, und wenn wir ebenfalls wissen, dass unsere Männer zum Kampf bereit sind, doch übersehen, dass die Natur des Terrains den Kampf unmöglich macht, haben wir immer noch nur den halben Weg zum Sieg zurückgelegt.

Wenn der erfahrene Soldat einmal in Bewegung ist, läßt er sich nicht verblüffen; wenn er das Lager abgebrochen hat, verläuft er sich nicht.

Deshalb der Spruch: Wenn du den Feind und dich selbst kennst, besteht kein Zweifel an deinem Sieg; wenn du Himmel und Erde kennst, dann wird dein Sieg vollständig sein.

Iglustudie in Klasse acht

Naturwissenschaften in einer achten Klasse Hauptschule. Einige der Schüler stören ständig den Unterricht und verhalten sich extrem auffällig. Sie quatschen, schmeißen Dinge durch das Zimmer, das volle Programm.

Nach einigen so verlaufenden Stunden kommt mir der Gedanke, dass ich testen möchte inwieweit mir alle Schüler überhaupt folgen können. Ich habe den Eindruck, dass, egal wie weit ich das Niveau senke, mir einige Schüler trotzdem nicht folgen können.

Deshalb beschließe ich, mit den Schülern einen Test aus der Iglu-Studie in Naturwissenschaften aus dem Jahr 2001 durchzuführen. Der Test war für Schüler der 4. Klasse konzipiert und (bis auf eine kleine Aufgabe) sollte er von 8klässlern problemlos zu bewältigen sein.

Erstaunlicherweise schreiben alle Schüler sehr eifrig den Test mit. Sie schreiben nicht ab und stören nicht.

Das Ergebnis ist, dass viele der Schüler den Test mit großer Leichtigkeit bewältigten und einige fragen mich sogar, was ich mit einem derart einfachen Test bezwecken möchte.

Aber einige der größten Störenfriede, obwohl auch sie sich bei dem Test sehr anstrengen, können teilweise nicht einmal die Hälfte der Aufgaben lösen.

Dieses Ergebnis zeigt mir auf welch unerwartet niedrigem Niveau sich diese Schüler bewegen. Das sie schlechte Leistungen bringen war mir klar, aber dass die Ergebnisse so schlecht ausfallen hat mich völlig überrascht.

Ich stelle mir vor, ich muss täglich in eine Vorlesung über Quantenphysik besuchen und verstehe, nach der Begrüßung, kein einziges Wort mehr. Wie würde ich mich verhalten?

Ich muss mir also eingestehen, dass einige Schüler überhaupt nicht »zum Kampf« bereit sind.

Dennoch bin ich lange Zeit davon ausgegangen, dass sie wenigstens halbwegs dem Unterrichtsgeschehen folgen können und hatte sie in eine aussichtslose Schlacht geschickt.

Der Dachdecker

Bei einer meiner Arbeitsstellen ist das Ziel Jugendliche mit Schulabschluss, aber ohne Ausbildung, möglichst in Ausbildung oder Arbeit zu vermitteln.

Ein Jugendlicher, mit einem sehr schlechten Hauptschulabschluss, sagte mir bis dato immer, dass er unbedingt ins Büro möchte. Ich beobachte ihn im Unterricht und er zeigt überhaupt kein Interesse an sitzenden Tätigkeiten, geschweige denn an Rechnen oder Schreiben.

Eines Tages vermittle ich ihm auf eigene Faust ein Praktikum bei einem Dachdecker. Als er am nächsten Tag in mein Büro kommt, offenbare ich ihm die gute Neuigkeit: »Ab Montag hast du ein Praktikum bei einem Dachdecker!« - »Was? Dachdecker? Was soll denn der Mist? Das ist doch kein vernünftiger Beruf. Ich habe doch immer gesagt, dass ich ins Büro möchte«, entgegnet er höchst entrüstet. - »Wir machen einen Deal«, schlage ich vor: »Du machst dort zwei Wochen Praktikum und dann sprechen wir. Wenn es dir nicht gefällt, dann rufe ich persönlich dort an und sagt, dass du nicht mehr kommst. Ist das ok?« - Nach etwas zögern sagt er: »Weil Sie es sind mache ich das.«

Vier Tage später erscheint der Jugendliche in meinem Büro und sagt: »Ich möchte mit der Schule hier aufhören!« (Er ist über 18, von daher ist das rechtlich möglich.)

Ich bin verwundert und frage was passiert ist. Er antwortet: »Zum ersten Mal in meinem Leben bekomme ich Anweisungen bei denen ich sofort weiß was zu tun ist. Mein Chef zeigt mir etwas Neues und ich verstehe was er von mir will. Das ist so ein schönes Gefühl, dass möchte ich nicht mehr missen.« Er verlässt die Schule und bekommt ein halbes Jahr später eine Ausbildung zum Dachdecker.

Mache zum Gegenstand deiner Meditation

1. das Versäumnis, die Stärke des Feindes einzuschätzen: Als Lehrer muss man die Schwierigkeit des zu behandelnden Stoffes realistisch auf die Fähigkeiten der Schüler einschätzen.

   Inwieweit können die »schwierigen Schüler« dem Stoff folgen? Worauf begründest du deine Antwort?

   Wie kannst du den Stoff auch den schwachen Schülern zugänglich machen?

2. das Fehlen der Autorität: Die Entwicklung der Autorität (für Lehrer) wird im Folgenden noch erwähnt. Wichtig an dieser Stelle ist aber nochmals darauf hinzuweisen, dass Autorität kein Freibrief für Gewalt (auch psychische Gewalt) ist, sondern, dass dein Handeln als Lehrer immer moralisch einwandfrei sein muss.

3. unzureichende Ausbildung: Die unzureichende Ausbildung der Lehrer ist der Grund für dieses Buch.

   Für die Schüler müssen wir uns fragen, ob sie überhaupt wissen wie man sich »richtig benimmt«, oder kennen sie nur Fehlverhalten?

   Ich habe immer wieder erlebt, dass Schüler zwar wissen was sie nicht machen sollen, aber nicht wirklich wissen wie sie es besser machen können.

   Das einzig positive Feedback erhalten sie von Mitschülern durch Anerkennung und Respekt ihres Fehlverhaltens. Von Lehrern werden manche dieser Schüler nur gemaßregelt und wissen dann, dass ihr Verhalten so von den Lehrern nicht gewünscht wird, jedoch fehlt es an alternativen Verhaltensmustern.

Wie könnten die Schüler so »ausgebildet« werden, dass sie sich positiv in den Unterricht einbringen können?

(Dabei ist zu beachten, dass sie ihre erlernten Verhaltensmuster grundlegend ändern müssen – das ist kein Prozess, der von heute auf morgen passiert. Hier musst du als Lehrer Geduld mitbringen und den Schüler immer wieder erinnern und motivieren.)

4. Ungerechtfertigter Zorn: eine Folge von Überforderung. Das betrifft den Lehrer, der zornig auf den Schüler ist, der dem Stoff nicht folgen kann, genauso wie es den Schüler betrifft, der zornig auf den Lehrer ist, weil er einen Stoff behandelt, dem er nicht folgen kann.

Wirst du zornig? Warum? Wie kannst du alternativ darauf reagieren? Werden die Schüler zornig weil sie dem Stoff nicht folgen können?

5. Nichtbeachtung der Disziplin: Warum halten die Schüler die Disziplin nicht ein? Ist es Überforderung, das Fehlen von Grenzen (und somit die Suche danach) oder das Verlangen die Autorität des Lehrers einzuschränken?

6. Das Versäumnis ausgewählte Männer einzusetzen: Wie lassen sich Schüler im Unterricht einsetzen? Vielleicht ist es möglich gute Schüler in die Lehrtätigkeit einzubeziehen? Sie können kleine Referate halten oder in Gruppenar-

beiten »die Fachaufsicht« übernehmen. Du kannst sie an die Tafel holen und eine Aufgabe erklären lassen. Ihre Autorität zeigt den anderen Schülern, dass es möglich ist dem Stoff zu folgen. Außerdem sprechen sie eher »die Sprache der Schüler« und können somit manchmal besser/anders erklären, als der Lehrer. Lerne das zu akzeptieren.

Auch habe ich die Erfahrung gemacht, dass es gerade schwächeren Schülern einen enormen Auftrieb gibt, wenn man sie an die Tafel holt und sie eine Aufgabe richtig ausführen können. Hierbei ist immer zu beachten, dass der Schüler sich nicht blamiert, was man durch einfache Aufgaben und durch schnelle unaufgeregte(!) Hilfe erreichen kann. Niemals darf so ein Verfahren genutzt werden, um Schüler bloß zu stellen. Das ist immer gegen die Moral der andern Schüler und kann die Klasse gegen den Lehrer aufbringen.

5. Taktische Varianten

Schlage kein Lager auf, wenn du in schwierigem Gelände bist. Schließe dich in Gegenden, wo sich große Straßen kreuzen, mit deinen Verbündeten zusammen. Halte dich nicht lange in gefährlich isolierten Positionen auf. Wenn du eingeschlossen wirst, musst du eine Kriegslist anwenden. Wenn du in einer hoffnungslosen Position bist, musst du kämpfen.

Es gibt Straßen, denen du nicht folgen, und Städte, die du nicht belagern darfst.

Es gibt Armeen, die nicht angegriffen werden dürfen, Stellungen, um die nicht gefochten, Befehle des Herrschers, denen nicht gehorcht werden darf.

Der General, der die Vorteile von taktischen Varianten gut versteht, weiß, wie er seine Truppen führen muss. Der General, der dies nicht versteht, wird trotz seiner Kenntnisse über die Eigenschaften des Landes nicht fähig sein, dieses Wissen praktisch anzuwenden.

In den Plänen des weisen Führers fließt die Betrachtung von Vorteilen und Nachteilen zusammen. Wenn unsere Erwartung eines Vorteils auf diese Weise gemäßigt wird, können wir den wesentlichen Teil unserer Pläne verwirklichen. Wenn wir andererseits auch in den größten Schwierigkeiten immer bereit sind, einen Vorteil zu ergreifen, können wir uns vor Unglück hüten.

Schwäche die feindlichen Anführer, indem du ihnen Schaden zufügst; mache ihnen Schwierigkeiten und halte sie ständig in Atem; täusche sie mit Verlockungen und lasse sie jeweils zu dem Ort eilen, den du bestimmst.

Spontane Aktion

Unterricht in einer Klasse jugendlicher Schulabgänger, denen in einer Maßnahme der Bundesagentur für Arbeit beim Übergang von Schule zu Beruf geholfen werden soll.

Keine einfache Aufgabe, denn die Jugendlichen sind oft wenig motiviert, da sie die Nase voll von Schule haben, außerdem sind solche Klassen ein Konglomerat aus unterschiedlichsten Problemlagen der Jugendlichen.

Eines Mittags, nach der Mittagspause, kommt ein Schüler angetrunken in den Unterricht. Da er bereits mehrfach unangenehm aufgefallen war, steht seine weitere Teilnahme an der ganzen Maßnahme auf dem Spiel. Aus diesem Grund möchte ich ihm die Chance geben den Mittag in Ruhe in der Klasse zu überstehen, damit er in der Maßnahme bleiben kann. Das sage ich ihm auch so in aller Deutlichkeit. Er hat jedoch offenbar andere Pläne und provoziert wo und wie es nur geht. Als er anfängt mich persönlich zu beleidigen muss ich handeln und ihn aus dem Unterricht entfernen, alleine schon um den anderen Schülern ein klares Signal zu geben. Also fordere ich ihn auf das Klassenzimmer zu verlassen. Er möchte aber weiter provozieren und hat nicht vor zu gehen. Daraufhin ergreife ich seine Schultasche, öffnete die Klassenzimmertüre und schleudere seine Schultasche mit aller Kraft in den weitläufigen Flur hinaus, begleitet von den Worten: »Und du gehst hinterher!«

Die anderen Schüler, aufgrund dieser Aktion sichtlich beeindruckt, drängen jetzt den Schüler dazu tatsächlich den Raum zu verlassen, was er dann auch endlich macht.

Ich habe also Verbündete gesucht und durch eine (spontan entwickelte) Taktik gefunden.

Mache zum Gegenstand deiner Meditation

Versuche nicht jeden Schüler, der dir nicht gewogen ist, zu »bekämpfen«.

Häufig erreichst du mehr, wenn es dir gelingt andere Schüler »auf deine Seite zu ziehen« (nicht abzuspalten)

Wenn die Schüler sagen: »der Lehrer ist super« dann wird auch der schwierige Schüler sich kaum mehr gegen dich auflehnen, weil er alleine mit seiner Meinung ist und keinen Zuspruch von der Klasse bekommt.

Die Kunst des Krieges lehrt uns, nicht darauf zu hoffen, dass der Feind nicht kommt, sondern darauf zu bauen, dass wir bereit sind, ihn zu empfangen; nicht auf die Möglichkeit, dass er nicht angreift, sondern auf die Tatsache, dass wir unsere Stellung uneinnehmbar gemacht haben.

Es gibt fünf gefährliche Fehler, die jeder General begehen kann.

1. *Unbekümmertheit, da sie zur Vernichtung führt;*

2. *Feigheit, da sie zur Gefangennahme führt.*

3. *ein empfindliches Ehrgefühl, das für Scham empfänglich ist;*

4. *ein ungezügeltes Temperament, das durch Beleidigungen provoziert werden kann.*

5. *Eine übergroße Sorge um das Wohl der Männer, die den General anfällig macht für Kummer und Schwierigkeiten, denn am Ende leiden die Truppen mehr unter der Niederlage oder bestenfalls der Verlängerung des Krieges, welche die Folge sein werden.*

Dies sind die fünf schrecklichen Sünden eines Generals, die für die Kriegführung verhängnisvoll sind.

Wenn eine Armee bezwungen und der Anführer erschlagen wird, ist gewiß einer dieser fünf gefährlichen Fehler die Ursache. Mache sie zum Gegenstand deiner Meditation.

Kategorien scheiternder Lehrer

Jeden Lehrer, den ich als Schüler, als Kollege oder als außenstehender Berater scheitern sah, lässt sich in eine, oder mehrere, dieser Kategorien einordnen.

1. *Unbekümmertheit, da sie zur Vernichtung führt:*
   Als Schüler hatte ich selbst mehrere Lehrer erlebt, die mit einer schrecklichen Unbekümmertheit ihren Unterricht vollzogen haben. Es schien ihnen egal zu sein ob ihr Unterricht gelingt oder nicht. Warum sollte es dann für die Schüler wichtig sein dem Unterricht zu folgen oder gar sich daran zu beteiligen?

2. *Feigheit, da sie zur Gefangennahme führt.*

   In meiner Ausbildung zum Lehrer berichtete eine Kommilitonin von einem Erlebnis während eines Praktikums:

   Eine Schülerin hatte ein Gedicht beschrieben, dass eine Vergewaltigung beschrieb. Das Gedicht war sehr eindrücklich und die junge Kollegin wusste nicht, wie sie damit umgehen sollte. Hatte die Schülerin das erlebt oder nur ihre Fantasie spielen lassen? Als sie einen Lehrer in der Ausbildungsschule fragte, meinte dieser, er »wollen die Sache beobachten«. Es blieb aber offen, was er denn genau beobachten wolle.

   In der Diskussion in der Ausbildungsgruppe schlug ich vor, das Mädchen nach dem Unterricht zum Gespräch unter vier Augen zu bitten und sie direkt zu fragen.

   Die Kollegin meinte, sie traue sich nicht. Ich erwiderte, wovor sie denn Angst habe? Was kön-

ne denn schlimmstenfalls passieren? Ich empfahl ihr, dass sie Hilfenummern bereit halten
soll, um sie dem Mädchen, ggf. aushändigen
zu können. Das Problem lösen kann sie nicht
leisten.

Ich weiß leider nicht, ob sie das Gespräch gesucht hat, da wir uns danach nicht mehr gesehen haben. Vielleicht ist die Kollegin aber auch
heute noch gefangen von der Thematik.

3. ein *empfindliches Ehrgefühl, das für Scham empfänglich ist;*

   Jeder Mensch hat (mindestens) einen wunden
   Punkt und es kann verheerend sein, wenn
   Schüler diesen bei ihrem Lehrer entdecken.
   Das kann von einfachen Spielereien mit dem
   (Nach)namen des Lehrers beginnen und endet
   bei persönlichsten und intimsten Themen.

4. Ähnlich verhält es sich beim *ungezügelten Temperament.* Eine temperamentvolle Lehrerpersönlichkeit macht sich stets angreifbar, wenn
   die Schüler erst herausgefunden haben bei welchem Thema der Lehrer beginnt, sein Temperament durchgehen zu lassen.

5. *Eine übergroße Sorge um das Wohl der Männer...*

Hierzu eine Anekdote:

Ein guter Freund von mir hat kognitiv starke Ein-
schränkungen. Er kann sich nur schwer in andere Menschen hineinversetzen und seine mangelnden Recht-
schreibkenntnisse sind so gravierend, dass seine ge-
schriebenen Worte praktisch unlesbar sind.

Eine Sonderschule wäre für ihn sicher die bessere Alternative zur normalen Schullaufbahn gewesen. Auf dem Weg, den die Lehrer für ihn bestimmt hatten wurde er mit negativen Erlebnissen überhäuft, gedemütigt und entmutigt. Am Ende erreichte er mit viel Mühen einen schlechten Hauptschulabschluss.

Diese Demütigungen haben ihm, bis zum heutigen Tag (er ist seit über fünfundzwanzig Jahren aus der Schule), jedes Selbstvertrauen in die eigenen Fähigkeiten genommen. Beruflich übt er nur Hilfstätigkeiten aus und ständig sucht er Hilfe, die er gar nicht benötigen würde, würde er sich mehr zutrauen.

Seine Geschichte zeigt, welch lebensbeeinflussende Auswirkungen es haben kann, wenn Lehrer aus Sorge um das Wohl des Schülers Entscheidungen treffen, die ihm eigentlich schaden.

Gerade was Hilfe von außen anbelangt habe ich zahlreiche Erlebnisse gehabt, bei denen sich Lehrer weigerten Hilfe zuzulassen, da sie dachten, nur sie können dem Schüler helfen und spezielle Einrichtungen und Fachleute (Sonderschulen, Psychologen, Therapiezentren, etc.) hätten kein Verständnis für die Situation ihres Schülers.

Ein Lehrer muss eine ganze Klasse betreuen und kann keine Einzelfallhilfe leisten. Weder zeitlich noch fachlich. Dafür sind andere Professionen da, denen auch die Lehrer vertrauen sollten. Zum Wohle des Schülers und des Unterrichts.

Mache zum Gegenstand deiner Meditation

Trifft eine (oder mehrere) der genannten Eigenschaften auf dich zu?

Bist du zu unbekümmert, feige, empfindlich, temperamentvoll oder hast du eine übergroße Sorge um das Wohl der Schüler?

Wie kannst du diese Eigenschaften reduzieren oder ausschalten?

6. Über die Kriegsführung

(…) Wenn der Kampf tatsächlich begonnen hat und der Sieg lange auf sich warten läßt, dann werden die Waffen der Männer stumpf und ihr Eifer wird gedämpft.

Wenn du eine Stadt belagerst, wirst du deine Kräfte erschöpfen, und wenn der Feldzug sich lange hinzieht, werden die Schätze des Staates unter der Belastung schwinden.

Vergiß nie: Wenn deine Waffen stumpf werden, wenn dein Kampfesmut gedämpft wird, deine Kraft erschöpft und dein Schatz ausgegeben ist, dann werden andere Anführer aus deiner Not einen Vorteil schlagen. Kein Mann, wie weise er auch sein mag, kann abwenden, was darauf folgen muss.

Zwar haben wir von dummer Hast im Kriege gehört, doch Klugheit wurde noch nie mit langen Verzögerungen in Verbindung gebracht. In der ganzen Geschichte gibt es kein Beispiel dafür, dass ein Land aus einem langen Krieg Gewinn gezogen hätte.

Nur wer die schrecklichen Auswirkungen eines langen Krieges kennt, vermag die überragende Bedeutung einer raschen Beendigung zu sehen. Nur wer gut mit den Übeln des Krieges vertraut ist, kann die richtige Art erkennen, ihn zu führen.

Der fähige General befiehlt keine zweite Aushebung, und seine Vorratswagen werden nicht mehr als zweimal beladen.

Wenn der Krieg erklärt ist, verschwendet er keine Zeit, indem er auf Verstärkung wartet, und er läßt seine Armee nicht kehrtmachen, um Vorräte aufzunehmen, sondern er überschreitet ohne Verzögerung die Grenze des Feindes.

Der Zeitvorteil – das heißt, dem Gegner ein wenig voraus zu sein, war häufig wichtiger als zahlenmäßige Überlegenheit oder die schönsten Rechenspiele mit dem Nachschub. (…)

Nun muss, damit sie den Feind töten, der Zorn unserer Männer erweckt werden. Damit sie im Schlagen des Feindes einen Vorteil erkennen, müssen sie auch Belohnungen bekommen.

Wenn du also beim Feind Beute machst, dann benutze sie als Belohnung, damit alle deine Männer, jeder für sich, begierig ist zu kämpfen.

Wenn beim Kampf mit Wagen zehn oder mehr Wagen erbeutet werden, dann sollen die belohnt werden, welche den ersten nahmen.

Unsere eigenen Banner sollen die des Feindes ersetzen, und seine Wagen werden in die unseren eingereiht und mit ihnen zusammen benutzt.

Die gefangenen Soldaten sollen freundlich behandelt und behalten werden. Dies bedeutet, die unterworfenen Feinde zur Stärkung der eigenen Kraft zu benutzen.

Dein großes Ziel im Krieg soll der Sieg sein und kein langwieriger Feldzug. So kann es heißen, dass der Anführer der Armeen der Schiedsrichter über das Schicksal des Volkes ist; der Mann, von dem es abhängt, ob die Nation in Frieden oder in Gefahr lebt.

Wenn Lehrer keine Hilfe suchen

Ein Schüler, 8. Klasse, ein Musterbeispiel eines schwierigen Schülers.

Er lässt keine Gelegenheit aus, seine Lehrerin zu ärgern und zu quälen, obwohl er sie menschlich sehr nett findet, wie er mir einmal in einem vertraulichen Gespräch gestand.

Die Lehrerin versucht der Situation Herr zu werden, indem sie immer wieder das Gespräch mit dem Jungen sucht. Jedoch nimmt sie keinerlei Hilfe von außen an, weder von Schulleitung, Kollegen, Schulpsychologen oder sonst jemandem.

Nachdem sich die Situation immer mehr zuspitzt, kommt der Schüler täglich zu spät und unter Drogeneinfluss (Cannabis) in den Unterricht. Er ist bleich, hat stark gerötete Augen und es geht ihm sichtlich physisch und psychisch schlecht.

Die Lehrerin hingegen kommt eines Tages gar nicht mehr zur Schule. Sie hatte am Wochenende einen Nervenzusammenbruch erlitten und wurde von ihrem Lebensgefährten in die Psychiatrie eingeliefert. Erst nach drei Monaten wird sie von dort wieder entlassen und benötigt seither wöchentliche psychologische Betreuung.

(Der Schulleiter äußert sich zu dem Fall übrigens so in der Schulkonferenz: »Manche sind einfach zu schwach für diesen Job.« - ich lasse das dieser Stelle unkommentiert wirken.)

Besagter Schüler kommt nun in eine »Time out Klasse«. Ein Modellprojekt, an dem sich die Schule beteiligt, und das Schülern für unbestimmte Zeit ermöglicht in einer Miniklasse individuellen Unterricht, ganz nach den eigenen Bedürfnissen, zu haben.

Dort blüht dieser Schüler innerhalb weniger Tage auf. Er schränkt seinen Drogenkonsum massiv ein und erkennt seine schulischen Stärken.

Auch er hat unter dem langen Kampf nur gelitten und das die Schlacht nun endlich geführt wird, in dem er die Klasse temporär verlassen muss, wurde für alle – auch für ihn - zum Segen.

Obwohl die Lehrerin ihn immer davor »schützen« wollte und sich sicher war, dass sie die Schlacht erfolgreich allein führen kann, hatte ihr zögerndes Verhalten letztlich nur dazu geführt, dass alles für alle Beteiligten immer schlimmer wurde.

Mache zum Gegenstand deiner Meditation

Gibt es Schlachten die du schon längst hättest führen sollen?

Was hat dich bislang daran gehindert?

Was ist die »Beute« die du deinen Schülern überlassen kannst, die deinem Unterricht folgen? (Gute Noten? Ein gutes Verhältnis zum Lehrer? Tolle Aktionen im Unterricht? Späße, die nur ein Schüler versteht, der dem Unterricht folgt? etc.)

Leider habe ich mehrfach (auch von Ausbildungslehrer, die das als große pädagogische Maßnahme feierten) erleben müssen, dass Lehrer Bestechungsversuche mit materiellen Versprechen vornahmen: Eis Essen gehen oder Kinobesuch, etc. bei gutem Benehmen.

Das steht nicht im Einklang mit der Moral der Schüler, die das nicht von einem Lehrer erwarten. Die Schüler nehmen solche Aktionen als Schwäche und Hilflosigkeit des Lehrers wahr. (Haben mir Schüler bestätigt.)

«Wenn du mit deinen Schülern Eis Essen gehen möchtest, dann mache das, weil du gemeinsame Zeit mit den Schülern verbringen möchtest. Die Schüler wissen solche Gesten weit mehr zu schätzen als: »Wenn ihr toll mitmacht bekommt ihr ein Eis.«

7. Das Schwert in der Scheide

In all deinen Schlachten zu kämpfen und zu siegen ist nicht die größte Leistung. Die größte Leistung besteht darin, den Widerstand des Feindes ohne einen Kampf zu brechen.

In der praktischen Kriegskunst ist es das Beste überhaupt, das Land des Feindes heil und intakt einzunehmen; es zu zerschmettern und zu zerstören ist nicht so gut.

So ist es auch besser, eine Armee vollständig gefangenzunehmen, als sie zu vernichten, ein Regiment, eine Abteilung oder eine Kompanie im ganzen gefangenzunehmen, statt sie zu zerstören.

Die höchste Form der militärischen Führerschaft ist, die Pläne des Feindes zu durchkreuzen;

die nächst Beste, die Vereinigung der feindlichen Streitkräfte zu verhindern;

die Nächste in der Rangfolge ist, die Armee des Feindes im Felde anzugreifen;

und die schlechteste Politik, befestigte Städte zu belagern, denn die Vorbereitung von Sturmdächern, beweglichen Schutzwällen und verschiedenem Kriegsgerät erfordert drei volle Monate; und das Aufschütten von Hügeln an den Stadtmauern erfordert weitere drei Monate.

Der General, der nicht fähig ist, seinen Zorn zu zügeln, schickt seine Männer, gleich ausschwärmenden Ameisen, in den Kampf, und das Ergebnis ist, dass ein Drittel seiner Männer erschlagen wird, während die Stadt unbesiegt bleibt. Dies sind die verhängnisvollen Auswirkungen einer Belagerung.

Der kluge Anführer unterwirft die Truppen des Feindes ohne Kampf; er nimmt seine Städte, ohne sie zu belagern; er besiegt ein Königreich ohne langwierige Operationen im Felde.

Er wendet sich mit seinen Truppen gegen den Machthaber im feindlichen Königreich, und sein Triumph wird vollkommen sein, ohne dass er einen Mann verliert.

Dies ist die Methode, mit einer Kriegslist anzugreifen, indem man das Schwert in der Scheide läßt.

Die Regel im Krieg ist: Wenn unsere Streitkräfte dem Feind zehn zu eins überlegen sind, umzingeln wir ihn.

Wenn wir fünf zu eins überlegen sind, greifen wir an.

Wenn wir doppelt so zahlreich sind, teilen wir unsere Armee, und ein Teil greift von vorn an, während der andere ihm in den Rücken fällt; wenn er den Frontalangriff erwidert, kann er von hinten zerschmettert werden; wenn er den Angriff aus dem Hinterhalt erwidert, kann er von vorn zerschmettert werden.*

Wenn die Kräfte gleich sind, können wir eine Schlacht erwägen.

Wenn wir zahlenmäßig leicht unterlegen sind, meiden wir den Feind.

Wenn wir ihm in keiner Hinsicht gewachsen sind, können wir ihn fliehen. Eine kleine Truppe kann den Feind zwar aufhalten, doch am Ende wird sie von der größeren Streitmacht gefangen genommen.

Pläne durchkreuzen

In einer 7. Klasse habe ich einen Schüler der plötzlich die Schule verweigert. Statt zur Schule zu gehen lungert er tagsüber am örtlichen Bahnhof herum. Die Eltern leben in Scheidung, die Mutter hat das Sorgerecht, der Vater ist ein hoch angesehener Anwalt.

Beim notwendigen Elterngespräch sind beide Elternteile anwesend und der Vater startet sofort, sowohl der Mutter, als auch der Schule Vorwürfe zu machen, anstatt das eigentliche Problem zu behandeln. So sagte er, die Mutter hat den Jungen nicht im Griff und die Schule taugt sowieso nichts....

Ab einem bestimmten Zeitpunkt fahre ich ihm ins Wort sage: »Dieses Verhalten und diese Anschuldigungen bringen uns nicht weiter. Wir brauchen eine Lösung, da der Junge jeden Tag am Bahnhof rum hängt und wir wissen alle mit was für Menschen er dort über kurz oder lang in Kontakt kommen wird.« Der Vater wird augenblicklich still und ich erwarte eine heftige Gegenreaktion. Stattdessen sagt er kleinlaut: »Sie haben völlig recht, ich bekomme es tagtäglich bei meiner Arbeit mit, dass die Menschen, die im Drogensumpf sind, dort nie wieder herauskommen.«

Auf meinen Vorschlag ziehen wir den Schulpsychologen zur Beratung hinzu und wenig später ist die Schlacht geschlagen und eine vernünftige Lösung für den Jungen gefunden.

Er kommt in ein Internat. Anfangs ist der Junge natürlich nicht gut darauf zu sprechen. Auch ich habe bedenken, ob das die richtige Entscheidung ist. Zwei Wochen später treffe ich ihn zufällig in der Stadt:

Er ist überglücklich über diese Entwicklung und bedankt sich bei mir.

Auch die Mutter, die ich wenig später ebenfalls in der Stadt treffe, ist völlig aufgeblüht. Auch sie ist äußerst zufrieden und dankbar.

Die Pläne des Jungen wurden durchkreuzt, die des Vater übrigens auch, und es wurde eine friedliche Lösung gefunden, die sich am Ende für alle Beteiligten als sehr gut erwiesen hat. (auch für mich!)

Mache zum Gegenstand deiner Meditation

1. Welche Pläne hat der schwierige Schüler in deiner Klasse? Lassen sich diese Pläne durchkreuzen?

2. Versuchst du eine Stärkung durch andere Schüler zu verhindern?

3. Wie könnte ein notwendiger »Angriff« von dir aussehen?

4. Wenn der Schüler »seine Stadt« befestigt hat, wie können dann deine Sturmdächer, Schutzwälle und anderes Kriegsgerät aussehen? (Eltern, Schulpsychologen, Schulsozialarbeiter, etc.?)

5. Gehe nicht im Zorn in ein »Gefecht« mit einem Schüler.

6. Wenn du viele Schüler gegen dich hast, konzentriere dich auf den Anführer.

7. Überlege dir sinnbildlich wie das Kräfteverhältnis zwischen dir und der Klasse aussieht. Hast du noch die Mehrheit? Wie stark ist diese Mehrheit?

Bist du »dem Feind« 10fach, 5fach, 2fach überlegen, sind die »Armeen« gleich oder bist du im Kräftevergleich unterlegen?

Bei den letzten zwei Kräfteverhältnissen musst du unbedingt Hilfe von außen holen und auch zulassen. (Sei dir sicher, du bist mit diesen Problemlagen nicht allein.)

Der General ist das Bollwerk des Staates: Wenn das Bollwerk überall fest ist, bleibt der Staat stark. Wenn das Bollwerk mangelhaft ist, wird der Staat geschwächt.

Es gibt drei Arten, auf die ein Herrscher seiner Armee Unglück bringen kann:

Wenn er der Armee den Sturm oder Rückzug befiehlt und die Tatsache nicht bemerkt, dass sie nicht gehorchen kann. Dies nennt man die Armee in Kalamitäten bringen.

Wenn er versucht, eine Armee auf die gleiche Weise zu führen, wie er ein Königreich regiert, und die Bedingungen nicht erkennt, die in einer Armee vorherrschen. Dies macht die Soldaten unruhig.

Menschlichkeit und Gerechtigkeit sind die Prinzipien, nach denen ein Staat geführt wird, doch nicht die Armee; Opportunismus und Flexibilität dagegen sind militärische, keine zivilen Tugenden.

Wenn er die Offiziere seiner Armee ohne Unterschied einsetzt und das militärische Prinzip der Anpassung an die Umstände vernachlässigt. Dies erschüttert das Selbstvertrauen der Soldaten.

Wenn die Armee ruhelos und mißtrauisch ist, werden die anderen Lehnsfürsten Schwierigkeiten machen. Dies bedeutet, Anarchie in die Armee zu tragen und den Sieg fahren zu lassen.

Denn es gibt fünf wesentliche Voraussetzungen für den Sieg:

1. *Siegen wird der, der weiß, wann er kämpfen muss und wann nicht.*

2. *Siegen wird der, der weiß, wie er mit überlegenen und unterlegenen Streitkräften verfährt.*

3. *Siegen wird der, dessen Armee in allen Rängen vom gleichen Geist beseelt ist.*

4. *Siegen wird der, der gut vorbereitet darauf wartet, den unvorbereiteten Feind anzugehen.*

5. *Siegen wird der, der militärisch fähig ist und nicht mit der Einmischung seines Herrschers rechnen muss.*

Wenn du den Feind und dich selbst kennst, brauchst du den Ausgang von hundert Schlachten nicht zu fürchten.

Wenn du dich selbst kennst, doch nicht den Feind, wirst du für jeden Sieg, den du erringst, eine Niederlage erleiden.

Wenn du weder den Feind noch dich selbst kennst, wirst du in jeder Schlacht unterliegen.

Die Strafe, die keine ist

Ein Schüler, 6. Klasse, benimmt sich regelmäßig auffällig im Unterricht. Strafarbeiten erledigte er nicht und so bestelle ich ihn nachmittags in Arrest, zu dem er, zu meiner Verwunderung, sogar erscheint.

Ich gebe ihm seine zu erledigenden Aufgaben und setze mich neben ihm, um ihn zu unterstützen, so dass die Stunde wenigstens sinnvoll genutzt werden kann.

Nach einiger Zeit kommen wir in ein persönliches Gespräch (was ich auch bewusst zulasse, geradezu provoziere). Er erzählt mir, dass er noch drei erwachsene Brüder hat, die aber alle in Berlin wohnen. Und alle führen ein kriminelles Leben.

Als er mit sieben Jahren angefangen hatte Müllcontainer in der Nachbarschaft in Berlin in Brand zu stecken, packte seine Mutter die Sachen und sie zogen nach Süddeutschland auf das Land, wo aus ihm »etwas besseres werden sollte«, die älteren Brüder blieben in Berlin zurück. Er erzählt mir, dass er sich fest vorgenommen hat ein guter Schüler zu werden, um seine Mutter stolz zu machen. Aber er schafft es einfach nicht und macht weiterhin immer wieder Blödsinn in der Schule.

Ab diesem Moment kenne ich meinen (und seinen) wahren Feind und ich verspreche ihm, dass ich ihn immer daran erinnern werde, wenn er wieder anfängt Blödsinn zu machen. Er ist glücklich und zeigt sich damit einverstanden.

Bereits am nächsten Tag, als er wieder beginnt Sachen seiner Mitschüler an sich zu nehmen, gehe ich ruhig zu ihm hin, blicke ihn an und sage ganz ruhig und nur für ihn hörbar: »Du möchtest doch deine Mutter stolz machen!?« Augenblicklich lässt er von den Gegenständen ab und widmet sich dem Unterricht.

Mache zum Gegenstand deiner Meditation

Kannst du Antworten auf die 5 Punkte nennen, die Sun Tzu aufgeführt hat:

1. Wann musst du kämpfen und wann nicht?

2. Wie verfährst du mit überlegenen und wie mit unterlegenen Streitkräften? Das heißt, wie gehst du mit Störenfrieden um, die sehr stark in der Klasse sind oder mit welchen, die dir eigentlich unterlegen sind?

3. Sind du und deine Klasse »vom gleichen Geist« beseelt? Was ist das Ziel deines Unterrichts und können sich die Schüler darin wieder finden?

4. Wie bereitest du dich auf Auseinandersetzungen mental vor, damit du Stärke zeigen kannst.

5. Durch klare Ideen und Konzepte wirst du dich auch gegen Schulleitung und Eltern durchsetzen können und manchmal auch müssen (solange sie moralisch einwandfrei sind)

6. Kennst du den Feind?

Wer ist es tatsächlich? Der Schüler, oder die Probleme, die ihn zu dem machen, der er ist?

Kennst du dich?

Was sind deine Stärken?

Was sind deine Schwächen?

8. Taktik

*Die guten Kämpfer der Vergangenheit schlossen jede Mög-
lichkeit einer Niederlage aus und warteten dann auf eine Gelegenheit, den Feind zu schlagen.*

*Es liegt in unserer Hand, uns vor einer Niederlage zu schüt-
zen, doch die Gelegenheit, den Feind zu schlagen, gibt uns
der Feind selbst. Deshalb der Spruch:*

*Man kann wissen, wie man siegt, ohne fähig zu sein, es zu
tun.*

*Schutz vor der Niederlage verlangt eine defensive Taktik; die
Fähigkeit, den Feind zu schlagen, bedeutet, die Offensive zu
ergreifen.*

*In der Defensive zu verharren verrät unzureichende Kräfte;
anzugreifen einen Überfluss an Kraft. (...)*

*Den Sieg nur zu sehen, wenn er auch von allen anderen ge-
sehen wird, ist kein Beweis hervorragender Leistung.*

*Und es ist kein Beweis hervorragender Leistung, wenn du
kämpfst und siegst und das ganze Königreich sagt: »Gut gemacht!«*

*Wahre Vortrefflichkeit ist es, insgeheim zu planen, sich
heimlich zu bewegen, dem Feind einen Strich durch die
Rechnung zu machen und seine Pläne zu vereiteln, so dass
zumindest der Tag ohne einen Tropfen vergossenen Blutes
gewonnen wird.*

*Eine Spinnwebe zu heben, ist kein Beweis für große Kraft;
Sonne und Mond zu sehen, ist kein Beweis für ein scharfes
Auge; den Lärm des Donners zu hören, ist kein Beweis für
ein gutes Ohr.*

Die alten Weisen nannten den einen klugen Kämpfer, der nicht nur siegt, sondern sich dadurch auszeichnet, dass er mit Leichtigkeit siegt.

Seine Siege werden ihm aber weder den Ruf der Weisheit noch den des Mutes einbringen.

Denn soweit sie durch Umstände errungen werden, die nicht ans Licht gekommen sind, wird die Allgemeinheit nichts von ihnen wissen, und deshalb wird man ihn nicht wegen seiner Weisheit loben;

und wenn sich der feindliche Staat unterwirft, ehe ein Tropfen Blut geflossen ist, wird man ihn nicht für seinen Mut rühmen.

Er gewinnt seine Schlachten, indem er keine Fehler macht.

Keine Fehler zu machen ist die Grundlage für die Gewissheit des Sieges, denn es bedeutet, einen Feind zu besiegen, der bereits geschlagen ist.

So bringt sich der umsichtige Kämpfer in eine Position, die die Niederlage unmöglich macht, und er versäumt nicht den richtigen Augenblick, den Feind zu schlagen.

So sucht im Krieg der siegreiche Stratege nur dann den Kampf, wenn der Sieg bereits errungen ist, wogegen einer, der zum Untergang verurteilt ist, zuerst kämpft und danach den Sieg sucht.

Eine siegreiche Armee, die gegen eine Geschlagene antritt, ist ein ganzes Pfund gegen ein einziges Korn auf der Waagschale.

Der Ansturm der siegreichen Streitkräfte ist wie das Hereinbrechen aufgestauter Wasser in eine tausend Faden tiefe Schlucht.

Der vollendete Anführer hütet das Gesetz der Moral und achtet streng auf Methode und Disziplin; so liegt es in seiner Macht, den Erfolg zu bestimmen.

Die Wahrheit kommt manchmal schneller als gedacht

In der großen Pause kommt eine ältere Lehrerkollegin aus ihrer achten Klasse zu mir ins Lehrerzimmer. Ungefragt beginnt sie mir voller Stolz zu erzählen, wie toll ihre Klasse doch ist und wie fantastisch alle mitmachen.

Erstaunt sage ich, dass ich die Klasse (ich unterrichte dort Chemie und Physik) eher als laut und undiszipliniert erlebe.

Sie sieht mich mit großen Augen an und meint mit einem Unterton der Verachtung für mich: »Also, bei mir ist die Klasse immer ganz toll!«

Direkt nach der Pause habe ich die Klasse. Da die Schule keinen eigenen Physik/Chemie Raum hat, gehe ich in das Klassenzimmer. Die Schüler sind ungewöhnlich ruhig und wirken irgendwie bedrückt, fast verstört. Ich fragt was los ist.

Nach etwas Herumgedruckse antwortet ein Schüler: »Wissen Sie, bei unserer Klassenlehrerin sind wir nie so still wie bei ihnen und gerade in der letzten Stunde waren wir so frech, das war selbst uns zu viel und es tut uns leid.«

Mache zum Gegenstand deiner Meditation

1. Wie kannst du dich vor einer Niederlage schützen?

2. Wie entstanden die Niederlagen, die du hinnehmen musstest?

3. Wie (und bei welcher Gelegenheit) konntest du »den Feind« schlagen? (Ohne das Gesetz der Moral zu brechen, denn sonst war es kein Sieg!)

4. Gehe nicht in die offene Konfrontation mit einem Schüler. Versuche seine Pläne zu durchkreuzen, indem du sein Verhalten unterbindest, indem du ihm zuvorkommst.

   Im Idealfall so, dass niemand, außer dir, merkt, dass du gerade die Pläne des Schülers zunichte gemacht hast. Bringe dich in eine Position, in der du für den Schüler nicht angreifbar sind. (s. u.)

   Hüte das Gesetz der Moral, achte auf Methode und Disziplin. (Wenn du es nicht bei allen Schülern durchsetzen kannst, ist es dennoch wichtig, dass du es von den Schülern einforderst die mitziehen und so deinen Unterricht unterstützen. Dadurch erstarkst du Stück für Stück.

9. Energie

Die Führung einer großen Streitmacht ist im Prinzip das gleiche wie die Führung einiger weniger Männer:

Es kommt nur darauf an, ihre Zahl aufzuteilen. Mit einer großen Armee unter deinem Kommando zu kämpfen ist in keiner Weise anders als der Kampf mit einer Kleinen; es kommt nur darauf an Zeichen und Signale festzulegen. (...)

Der Ansturm von Truppen ist wie das Brausen eines Stroms, der auf seinem Weg sogar Steine mitreißt. Die richtige Entscheidung gleicht dem wohlberechneten Herabstoßen eines Falken, der zuschlägt und sein Opfer tötet. Deshalb ist ein guter Kämpfer schrecklich im Sturm und rasch in seiner Entscheidung.

Energie kann mit dem Spannen einer Armbrust verglichen werden; die Entscheidung mit dem Ziehen des Drückers.

Mitten im Toben und Wogen des Kampfes mag scheinbar Unordnung herrschen, wo doch keine Unordnung ist; mitten in Verwirrung und Chaos mag dein Gefolge kopflos oder ziellos erscheinen, und doch wird es vor der Niederlage geschützt sein.

Vorgetäuschte Unordnung erfordert perfekte Disziplin; vorgetäuschte Furcht erfordert Mut; vorgetäuschte Schwäche erfordert Stärke. Die Ordnung unter dem Mantel der Unordnung zu verstecken ist einfach eine Frage der Unterteilung; den Mut in scheinbarer Verzagtheit zu verbergen setzt schlummernde Energie voraus; Stärke mit Schwäche zu maskieren ist eine Folge von taktischen Erwägungen.

Wer also das Geschick besitzt, den Feind in Atem zu halten, baut Täuschungen auf, die den Feind zum Handeln veranlassen. Er opfert etwas, damit der Feind danach greift. Indem er Köder auslegt, hält er ihn in Bewegung; und mit einer Truppe Schwerbewaffneter lauert er ihm auf.

Der kluge Kämpfer achtet auf die Wirkung der kombinierten Energie und verlangt nicht zu viel vom einzelnen.

Er zieht individuelle Talente in Rechnung und benutzt jeden Mann, seinen Fähigkeiten entsprechend.

Er verlangt von Unfähigen keine Perfektion. Wenn er die kombinierte Energie benutzt, wirken seine kämpfenden Männer wie rollende Baumstämme oder Felsen.

Denn es ist die Natur eines Baumstammes oder Steins, reglos auf ebenem Grund zu liegen und zu rollen, wenn er auf einen Abhang gerät; wenn er viereckig ist, bleibt er wieder liegen, doch wenn er rund ist, rollt er hinab.

So ist die von guten Kämpfern entwickelte Energie wie der Schwung eines runden Steins, der einen tausend Fuß hohen Berg hinunter rollt. (...)

Der Junge hinterm Vorhang

In einer sehr lebhaften 6. Klasse werde ich als Vertretungslehrer eingesetzt, da die ursprüngliche Klassenlehrerin vom Unterricht suspendiert wurde. Es geht wieder turbulent zu und ich wundere mich über einen Schüler, der sich hinter dem großen Vorhang neben dem Fenster versteckt.

Ich beschließe seinem Treiben keine Aufmerksamkeit zu schenken und ignoriere ihn, in der festen Annahme, er wird nach wenigen Minuten hinter dem Vorhang vorkommen, da ich seinen Plan »Aufmerksamkeit zu erlangen« auf diese Art durchkreuzen werde.

Zu meinem Erstaunen passiert jedoch nichts. Der Junge sitzt die komplette Stunde hinter dem Vorhang sehr auffällig versteckt.

Nun gehe ich davon aus, dass es hier um etwas anderes gehen muss, als nur darum den Unterricht zu stören und um Aufmerksamkeit zu buhlen. Denn er hatte nicht gestört und auch keine Aufmerksamkeit erhalten. Weder von mir, noch von den Mitschülern.

Also bestellt ich seine Eltern ein und berichtete von seinem Verhalten. Die geschockten Eltern erzählen mir zögerlich, dass der Junge vor wenigen Jahren einen riesigen Tumor im Bauch hatte. Dieser Tumor war zwar gefahrlos und konnte, bis auf Narbenschmerzen, auch ohne Folgen entfernt werden. Jedoch belastet die ganze Geschichte den Jungen offenbar psychisch weit mehr, als den Eltern bewusst war.

Sie dachten, wenn sie die Geschichte verschweigen würden, würde ihn in der Schule niemand darauf ansprechen und die Sache würde irgendwann vergessen sein.

Hier wurde ein großer unbekannter Feind nun endlich enttarnt.

Ich berichte, mit Einverständnis der Eltern, dem Sportlehrer von diesem Gespräch. Der erzählt mir, dass der Junge im Sport immer wieder sehr auffällig seinen Bauch schützt und den Unterricht stört oder verweigerte, wenn es mal etwas »körperbetonter« zugehen sollte. Der Lehrer ist sehr dankbar für diese Information, kann er das Verhalten des Jungen jetzt ganz anders einordnen und darauf reagieren.

Im Rahmen des Elterngesprächs erzählen mir die Eltern auch, dass der Junge auf ihrem Dachboden hunderte von Schmetterlingen züchtet.

Ich bin erstaunt, wusste ich bis dato gar nicht, dass man das so einfach machen kann.

Tags darauf fordert ich den Schüler auf etwas über seine Schmetterlingszucht zu erzählen. Er blüht sichtlich auf, von seinem unbekannten Hobby zu berichten und auch seine Mitschüler sind begeistert von seinem spannenden und interessanten Hobby.

Die Tatsache, dass er durch die Schmetterlingsgeschichte positiven Anklang in der Klasse und bei mir findet, aber auch sein Bewusstsein, dass ich über sein »Problem« bescheid weiß, befreit ihn regelrecht und er entwickelt sich zu einem tollen und guten Schüler.

Auch die anderen Schüler entwickeln daraufhin mehr Vertrauen zu mir und bringen eigene Beiträge in den Unterricht ein oder erzählen mir von ihren kleinen Geheimnissen.

Mache zum Gegenstand deiner Meditation

Welche Fähigkeiten haben die Schüler außerhalb der Schule?

Spreche jeden Schüler im Unterricht (oder davor oder danach) einzeln an und bringe ihn dazu seine Fähigkeiten unter Beweis stellen zu können. (z. B. durch Referate, Experimentalvorträge etc.) So wirst du erreichen, dass sich die Schüler stark und von dir ernst genommen fühlen.

Die Flexibilität aus den vielen Stärken, Fähigkeiten und Interessen der Schüler einen Unterricht zu formen musst du erbringen.

Das kann natürlich dazu führen, dass du deinen Unterricht nicht immer ganz »Lehrplankonform« gestalten kannst. Mit etwas Fantasie lassen sich aber fast alle Themen mit dem Lehrplan in Einklang bringen. Ansonsten berufe dich auf Sun Tzu und seine Anmerkung in »Das Schwert in der Scheide«:

»Siegen wird der, der militärisch fähig ist und nicht mit der Einmischung seines Herrschers rechnen muss.«

Wenn die Klasse plötzlich gut mitarbeitet, wird jeder (gute) Schulleiter einsehen, dass die Abweichungen vom Lehrplan notwendig und richtig waren.

10. Schwache und starke Punkte

Benutze die Wissenschaft der schwachen und starken Punkte, damit der Vorsturm deiner Armee den Feind trifft, als würde ein Mahlstein auf ein Ei treffen.

Wer als erster auf dem Felde ist und das Kommen des Feindes erwartet, der ist für den Kampf ausgeruht;

wer als zweiter aufs Feld kommt und zur Schlacht eilt, der trifft erschöpft ein. Deshalb zwingt der kluge Kämpfer seinem Gegner seinen Willen auf, doch er läßt nicht zu, dass der Gegner ihm den seinen aufzwingt.

Indem er ihm einen Vorteil anbietet, kann er den Zeitpunkt bestimmen, zu dem der Feind sich nähert; oder er kann es dem Feind, indem er ihm Schaden zufügt, unmöglich machen näherzurücken.

Im ersten Fall wird er ihn mit einem Köder locken; im Zweiten wird er an einem wichtigen Punkt zuschlagen, den der Feind schützen muss.

Belästige den Feind, wenn er sich Ruhe gönnen will. Zwinge ihn zum Aufbruch, wenn er ruhig lagert, Hungere ihn aus, wenn er gut mit Nahrungsmitteln versorgt ist. Tauche an Punkten auf, die der Feind hastig verteidigen muss. Marschiere rasch zu Orten, an denen du nicht erwartet wirst.

Eine Armee kann ohne Mühe große Entfernungen überwinden, wenn sie durch Gebiete marschiert, in denen der Feind nicht ist.

Du kannst sicher sein, mit deinem Angriff Erfolg zu haben, wenn du nur Orte angreifst, die unverteidigt sind.

Du kannst die Sicherheit deiner Verteidigung erhöhen, wenn du nur Positionen hältst, die nicht angegriffen werden können.

Der General, dessen Gegner nicht weiß, was er verteidigen soll, greift weise an; und er ist ein weiser Verteidiger, wenn sein Gegner nicht weiß, was er angreifen soll.

Oh, die göttliche Kunst der Geschicklichkeit und Verstohlenheit! Durch sie lernen wir, unsichtbar zu sein, durch sie sind wir unhörbar, und damit halten wir das Schicksal des Feindes in unserer Hand.

Du kannst vor stürmen und absolut unüberwindlich sein, wenn du die schwachen Punkte des Feindes angehst;

du kannst dich zurückziehen und vor Verfolgung sicher sein, wenn deine Bewegungen schneller sind als die des Feindes.

Wenn wir kämpfen wollen, können wir den Feind zu Kampfhandlungen zwingen, obwohl er vielleicht hinter hohen Wällen und einem tiefen Graben in Deckung liegt. Alles, was wir dazu tun müssen, ist, einen anderen Ort anzugreifen, so dass er gezwungen ist, Ersatz zu schicken.

Wenn der Feind in unser Land eindringt, schneiden wir seine Nachrichtenverbindungen ab und besetzen die Straßen, auf denen er zurückkehren muss;

wenn wir in sein Land eindringen, richten wir unseren Angriff gegen den Herrscher selbst.

Wollen wir nicht kämpfen, dann können wir verhindern, dass der Feind uns in einen Kampf verwickelt, auch wenn unser Lager nur von einer Linie auf dem Boden umgeben ist.

Alles, was wir dazu tun müssen, ist, ihm etwas Seltsames, Unerklärliches in den Weg zu legen. (...)

Wenn der Feind uns zahlenmäßig überlegen ist, können wir ihn am Kampf hindern. Versuche, seine Pläne aufzudecken und zu erkennen, wie erfolgversprechend sie sind. Reize ihn, und ergründe das seiner Aktivität oder Inaktivität zugrunde liegende Prinzip.

Zwinge ihn, sich Blößen zu geben, damit du seine verwundbaren Stellen findest.

Vergleiche die gegnerische Armee sorgfältig mit deiner eigenen, damit du erkennst, wo ein Übermaß an Kräften herrscht und wo sie fehlen.

Das höchste Ziel bei allen taktischen Entscheidungen muss sein, sie geheimzuhalten; halte deine Entscheidungen geheim, und du bist sicher vor den Augen der geschicktesten Spione und vor den Ränken der klügsten Köpfe.

Was viele nicht verstehen, ist, wie der Sieg mit Hilfe der Taktik des Feindes selbst errungen werden kann.

Alle Menschen können die einzelnen Taktiken sehen, die eine Eroberung möglich machen, doch fast niemand kann die Strategie sehen, aus welcher der Gesamtsieg erwächst.

Militärische Taktik ist dem Wasser ähnlich; denn das Wasser strömt in seinem natürlichen Lauf von hohen Orten herunter und eilt bergab. So muss im Krieg gemieden werden, was stark ist, und geschlagen werden, was schwach ist.

Wasser bahnt sich seinen Weg entsprechend der Natur des Bodens, auf dem es fließt; der Soldat erkämpft sich seinen Weg entsprechend der Natur des Feindes, dem er gegenübersteht.

Und wie Wasser keine unveränderliche Form kennt, gibt es im Krieg keine unveränderlichen Bedingungen. Die fünf Elemente - Wasser, Feuer, Holz, Metall und Erde - sind nicht immer im gleichen Verhältnis vorhanden;

die vier Jahreszeiten wechseln einander ab. Es gibt kurze und lange Tage; der Mond hat zunehmende und abnehmende Perioden.

Wer seine Taktik auf seinen Feind abstimmt und deshalb den Sieg erringt, kann ein vom Himmel geleiteter Anführer genannt werden.

Naturwissenschaften sind nichts für Mädchen

Insbesondere bei schwierigen Schülern habe ich gute Erfahrungen gemacht, wenn man aus dem üblichen Muster des Unterrichtens heraustritt. Ganz so, wie es Sun Tzu fordert, wenn er sagte, man soll dem Fein etwas Seltsames, Unerklärliches in den Weg legen.

So habe ich mit Schülern immer wieder neue Unterrichtsformen erprobt. Ich bin mit ihnen durch das Schulhaus gegangen, um dort etwas zu erkunden, habe, wann immer es ging, Schülerexperimente oder Exkursionen durchgeführt.

In der Schweiz unterrichtete ich in einer 8. Klasse Physik/Chemie und hatte dort zwei Mädchen, die meinten sich definitiv nicht für diese Fächer interessieren zu müssen, denn Naturwissenschaften sind nichts für Mädchen. Die Ergebnisse waren, erwartungsgemäß, sehr schlechte Noten.

Um den zwei Mädchen eine Chance auf bessere Noten zu geben, bot ich ihnen an einen „Experimentalvortrag" zu halten.

Dazu überreichte ich ihnen die Anleitung, wie man eine Blume anschneidet und dann in gefärbtes Wasser gibt, damit die Pflanze die Farben annimmt. (Wahrlich kein schwieriges Experiment)

Die zwei Mädchen waren anfangs natürlich skeptisch wegen der Aufgabe, nahmen sie jedoch, angesichts der drohenden schlechten Zeugnisnote, an.

Zwei Tage später kamen sie mir im Flur der Schule entgegen gelaufen und sprühten regelrecht vor Begeisterung über das Experiment. Sie hatten sogar, so berichteten sie mir aufgeregt, ihr letztes Taschengeld zusammengekratzt, um damit weiße Nelken für den Vortrag zu kaufen.

Natürlich waren mit diesem Vortrag nicht alle Hindernisse im Fach Chemie/Physik überwunden, dennoch war es für die zwei Mädchen eine große Freude, ein schönes Experiment gemacht zu haben und das den Mitschülern vorzustellen.

Danach zeigten sie sich auch deutlich bereiter, dem Unterricht zu folgen und erzielten auch bessere Leistungen.

Reizen bis zur Wahrheit

Eine junge Frau in einer berufsvorbereitenden Maßnahme verhält sich immer etwas auffällig. Es ist kaum zu beschreiben. Sie stört nicht, ist nett, höflich, erledigt ihre Arbeiten und doch sagt jeder der mit ihr zu tun hat: »Sie ist irgendwie komisch«

Ich spreche sie darauf an und sie zeigt sich nur verwundert. Kann überhaupt nicht verstehen was ich oder die anderen Lehrer und Betreuer meinen.

Eines Tages beschließe ich sie endlich zur Rede zu stellen und sie zu reizen bis sie ihre »zugrunde liegenden

Prinzipen« (Sun Tzu) darlegt. (Ich vermute sexualisierte Gewalterfahrung)

Ich führe ein Einzelgespräch mit ihr und bohre immer wieder nach, was es sein könnte. Ich merke wie sie langsam genervt und sauer wird.

Normalerweise würde ich das Gespräch an dieser Stelle abbrechen. Doch diesmal nicht.

Ich provoziere und dränge sie. Ihre Wut wird immer spürbarer.

Dann plötzlich brüllt es weinend aus ihr heraus: »mit vier kam der vierzehnjährige Nachbarsjunge, zog seine Hose aus und rief mir zu: »Lutsch meinen Schwanz!« Mein Vater hat das mitbekommen und ihm eine gehauen. Danach haben wir nie wieder darüber gesprochen!«

Nun war es endlich raus. Ich beende erstmal das Gespräch, da ich merke, dass sie eine Pause braucht, aber in sich gefestigt ist, so dass ich mir keine Sorgen machen muss.

Am nächsten Tag hole ich sie gleich wieder aus der Klasse und frage, wie sie sich fühlt. Sie ist wie ausgewechselt. Sie strahlt und »das Komische« war praktisch verschwunden. Ich habe ihr eine Gesprächstherapie vermittelt um das Erlebte weiter aufarbeiten zu können.

Mache zum Gegenstand deiner Meditation

Welche unerwarteten – positiven – Ereignisse kannst du in deinen Unterricht einbinden?

Traue den Schülern etwas zu und gewinne somit Vertrauen in dich und in die Schüler.

Halte deine Taktiken geheim. Die Schüler müssen nicht wissen warum Dinge im Unterricht plötzlich anders gemacht werden. Es sind deine Entscheidungen, die der Schüler akzeptieren muss.

Anfangs hat mich dieser Punkt irritiert. Dachte ich doch, dass Transparenz besser ist. Aber es ist manchmal tatsächlich besser, wenn man den Schülern nicht die genauen Beweggründe nennt, wenn man etwas macht, sondern Dinge einfach einfordert oder ändert. Dadurch kann es gelingen, dann man eine Art »geheimnisvolle Aura« um sich erzeugt, die den Führungsanspruch rechtfertigt.

11. Manöver

Ohne Harmonie im Staate kann kein militärischer Feldzug unternommen werden; ohne Harmonie in der Armee kann kein Kampfverband gebildet werden.

Im Krieg bekommt der General seine Befehle vom Herrscher. Nachdem er eine Armee aufgestellt und die Streitkräfte um sich versammelt hat, muss er deren verschiedene Elemente vereinen und in Harmonie bringen, bevor er sein Lager aufschlägt.

Danach kommen die taktischen Manöver, und es gibt nichts Schwierigeres.

Die Schwierigkeit besteht darin, das Ungezielte ins Gezielte zu verwandeln, das Unglück in den Sieg.

So zeigt sich die Kunst der Ablenkung darin, einen langen, gewundenen Weg zu nehmen, nachdem man den Feind fort gelockt hat, und das Ziel vor ihm zu erreichen, obwohl man nach ihm aufgebrochen ist.

Es ist vorteilhaft, die Armee zu bewegen; mit einem undisziplinierten Haufen jedoch ist es höchst gefährlich.

Wenn du eine voll ausgerüstete Armee in Marsch setzt, um einen Vorteil zu erringen, besteht die Möglichkeit, dass du zu spät kommst. Wenn du andererseits eine leicht ausgerüstete Abteilung vorausschickst, bedeutet dies, dass deren Gepäck und Vorräte geopfert werden.

Wenn du also deinen Männern befiehlst, die Ärmel ihrer Büffellederjacken hochzukrempeln und ohne Halt Tag und Nacht über hundert li, das Doppelte der gewöhnlichen Strecke, zu marschieren, um einen Vorteil zu erringen, dann werden die Anführer deiner drei Divisionen dem Feind in die Hände fallen.

Die stärkeren Männer werden vorn sein, die erschöpften werden zurückfallen, und so wird nur ein Zehntel deiner Armee ihr Ziel erreichen.

Wenn du fünfzig li marschierst, um den Feind auszumanövrieren, wirst du den Führer deiner ersten Division verlieren, und nur die Hälfte deiner Armee wird das Ziel erreichen.

Wenn du aus dem gleichen Grund dreißig li marschierst, werden zwei Drittel deiner Armee ankommen.

Eine Armee ohne ihren Tross ist verloren; ohne Proviant ist sie verloren; ohne Versorgungslager ist sie verloren.

Wir können uns nicht auf Bündnisse einlassen, solange wir nicht mit den Plänen unserer Nachbarn vertraut sind.

Wir sind nicht fähig, eine Armee auf den Marsch zu führen, wenn wir nicht mit den Eigenschaften des Landes vertraut sind - mit den Bergen und Wäldern, den Fallgruben und Steilklippen, den Mooren und Sümpfen. Wir werden auch natürliche Vorteile nicht für uns nutzen können, wenn wir keine ortskundigen Führer einsetzen.

Übe im Krieg die Verstellung und du wirst siegen. Bewege dich nur, wenn ein wirklicher Vorteil zu gewinnen ist.

Lasse die Umstände bestimmen, ob du deine Truppen konzentrierst oder teilst.

Deine Schnelligkeit soll sein wie die des Windes, deine Festigkeit wie die des Waldes. Beim Angriff und Plündern sei wie das Feuer; wenn du dich nicht weiterbewegst, sei wie ein Berg.

Deine Pläne sollen dunkel und undurchdringlich sein wie die Nacht, und wenn du dich bewegst, dann stürze herab wie ein Blitzschlag.

Wenn du ein Land plünderst, dann lasse die Beute unter deinen Männern verteilen; wenn du neues Land besetzt, dann teile es in Parzellen und gib sie deinen Soldaten.

Überlege jede Bewegung ganz genau. Siegen wird, wer den Kunstgriff der Täuschung beherrscht. Dies ist die Kunst des Manövrierens.

Denn wie das alte Buch der Armeeführung sagt: Auf dem Schlachtfeld dringt das gesprochene Wort nicht weit genug; deshalb werden Gongs und Trommeln benutzt. Ebensowenig sind gewöhnliche Gegenstände deutlich sichtbar; deshalb werden Banner und Flaggen benutzt.

Gongs und Trommeln, Banner und Flaggen sind Mittel, durch welche Ohren und Augen der Truppen auf einen bestimmten Punkt konzentriert werden. So bilden die Truppen einen geeinten Körper, und es ist dem Tapferen unmöglich, allein vorzustürmen, und dem Feigen unmöglich, sich allein zurück zu ziehen. Dies ist die Kunst, große Massen von Männer anzuführen.

Also benutze, wenn du nachts kämpfst, Signalfeuer und Trommeln und wenn du tagsüber kämpfst, Flaggen und Banner, um die Augen und Ohren deiner Armee zu führen.

Man kann einer ganzen Armee den Kampfgeist rauben; man kann einem Kommandanten seine Geistesgegenwart rauben.

Nun ist der Geist eines Soldaten morgens am schärfsten; zu Mittag läßt er bereits nach; und am Abend hat er nur im Sinn, ins Lager zurückzukehren.

Deshalb meidet ein kluger General eine Armee, deren Geist geschärft ist, und greift an, wenn die Männer nachlässig sind und an die Rückkehr denken.

Dies ist die Kunst, die Stimmungen zu studieren. Diszipliniert und ruhig wartet er auf Anzeichen von Unordnung und Durcheinander beim Feind. Dies ist die Kunst, die Selbstbeherrschung zu bewahren.

Nahe am Ziel zu sein, während der Feind noch weit entfernt ist; gelassen zu warten, während der Feind sich müht und schindet; gut genährt zu sein, während der Feind ausgehungert ist - dies ist die Kunst, die eigenen Kräfte einzuteilen.

Sich davor zurückzuhalten, einen Feind zu stellen, dessen Banner eine vollkommene Ordnung zeigen; sich davor zurückzuhalten, eine Armee anzugreifen, die ruhig und zuversichtlich im Verband anrückt - dies ist die Kunst, die Umstände zu studieren.

Es ist ein militärischer Leitsatz, nicht bergauf gegen den Feind anzutreten und sich ihm nicht zu stellen, wenn er bergab kommt.

Verfolge keinen Feind, der die Flucht vortäuscht. Greife keine Soldaten an, die auf den Kampf warten. Schlucke keinen Köder, den der Feind anbietet.

Greife keine Armee an, die nach Hause zurückkehrt, denn ein Mann, der darauf brennt, nach Hause zurückzukehren, kämpft todesmutig gegen jeden, der sich ihm in den Weg stellt; deshalb ist er kein Gegner, den man angreifen sollte.

Lasse ein Schlupfloch frei, wenn du eine Armee umzingelst. Das bedeutet nicht, dass es dem Feind erlaubt wird zu fliehen. Der Grund ist, ihn glauben zu machen, dass es einen Weg in die Sicherheit gibt, um ihn daran zu hindern, mit dem Mut der Verzweiflung zu kämpfen.

Denn du darfst einen verzweifelten Gegner nicht zu hart bedrängen.

Dies ist die Kunst der Kriegführung.

Der Preis

Mit meiner Flüchtlingsklasse, fünfundzwanzig Schüler, aus verschiedenen Ländern, zwischen zwölf und zweiundzwanzig Jahren alt, manche waren noch nie in einer Schule, andere hatten bereits begonnen zu studieren, beschließe ich an einem Schülervideowettbewerb (speziell für Flüchtlinge) teilzunehmen.

Die Schüler sollen sich zu kleinen Gruppen zusammenfinden und ein Video drehen, das ich anschließend am Computer nachbearbeite.

Die Aussicht auf einen Gewinn, aber auch darauf, dass die eigene Arbeit von Außenstehenden bewertet wird, motiviert die Schüler sehr und sie arbeiten hart und mit viel Spaß an den Videos.

Kurz nach Einsendung erhalte ich einen Anruf, dass meine Schüler einen Sonderpreis für Gruppenarbeit in Höhe von 1000.- Euro erhalten haben.

Mit dem Geld veranstalten die Flüchtlinge ein Pizzaessen für alle Flüchtlinge in der Gemeinschaftsunterkunft. Außerdem organisieren wir eine Clownsvorführung für die ansässige Grundschule.

Wie Sun Tzu das Land, dass die Soldaten erobert haben, unter ihnen aufteilt, so musst du die Schüler am Erfolg ihrer Arbeit teilhaben lassen.

Nicht durch Geschenke, die nichts mit den erbrachten Leistungen zu tun haben, sondern mit Dingen, die in direktem Zusammenhang stehen. Plakate, Zeitungen, Ausstellungen, Wettbewerbe, ... Ich versuche immer wieder dafür zu sorgen, dass die Arbeiten der Jugendlichen von anderen gesehen werden. (Wenn die Arbeiten es wert sind)

Trommeln und Gongs

Als ich die Flüchtlinge unterrichtete, war es bei den afghanischen Schülern selbstverständlich, dass sie aufstanden, wenn sie etwas sagen wollten.

Anfangs hatte mich dieses Verhalten irritiert. Dann jedoch dachte ich mir, dass ich als Lehrer auch stehe, wenn ich etwas zu sagen habe. Warum sollte ich das den Schülern vorenthalten?

Durch das Aufstehen ist ein klares Signal gegeben wer gerade spricht. Auch für denjenigen der steht ist es ein Zeichen, dass er seine Worte gut zu wählen hat, da die Aufmerksamkeit auf ihn gerichtet ist.

In deutschen Klassen lässt sich das nur noch schwer durchsetzen. Aber ich versuche die Idee immer wieder aufzugreifen und bitte Schüler vor die Tafel zu treten und dort zur Klasse zu sprechen. Das sorgt zwar meistens erst für Missstimmung, aber hinterher sind die Schüler glücklich und innerlich gestärkt.

Mache zum Gegenstand deiner Meditation

Vielleicht findest du Möglichkeiten für Banner, Flaggen, Trommeln und Gongs, um deine Klasse zu konzentrieren.

Andere Beispiele für »Banner, Flaggen, Trommeln und Gongs«, die auch im Unterricht eingesetzt werden können, sind dir sicher bekannt. Aber hast du sie auch schon eingesetzt?

Nicht alles funktioniert und nicht alles passt zu jeder Lehrerpersönlichkeit. Try and error! - Man kann dabei nur gewinnen. Ich habe festgestellt, dass es kein Problem ist, wenn man etwas ausprobiert und feststellt, dass es nicht funktioniert. Dann lässt man es wieder bleiben. Kein Schüler hat mich je wieder danach gefragt.

Achte auf den Zustand der Schüler.

In welchem Zustand gehen sie zur Schule? Ausgehungert? Müde? Ungeordnet?

Haben sie ihre Kräfte eingeteilt, so dass sie für den ganzen Schultag ausreichen?

Wenn du einen Schüler zurechtweisen, lässt du ihm dann ein Schlupfloch, damit er nicht bis zur Verzweiflung kämpfen wird?

Bei allem Strafen und »Kämpfen« musst du dem Schüler immer einen (für ihn) machbaren Ausweg offen halten - und manchmal auch zeigen, dass es diesen Ausweg gibt.

Der Grund ist, ihn glauben zu machen, dass es einen Weg in die Sicherheit gibt, um ihn daran zu hindern, mit dem Mut der Verzweiflung zu kämpfen. (Sun Tzu)

12. Die Armee auf dem Marsch

Wer nicht vorausdenkt, sondern seine Gegner zu leicht nimmt, wird gewiß von ihnen gefangen. Wenn die Armee lagern soll, dann überquere Berge rasch und halte dich in der Nähe von Tälern auf. (...)

Wenn der Feind in der Nähe ist und sich still verhält, dann baut er auf die natürliche Stärke seiner Position.

Wenn er sich überheblich gibt und versucht, einen Kampf zu provozieren, dann will er, dass du den ersten Schritt tust.

Wenn sein Lagerplatz leicht zugänglich ist, dann wirft er einen Köder aus. (...)

Der Anblick von Männern, die in kleinen Gruppen flüsternd zusammenstehen oder halblaut miteinander sprechen, ist ein Hinweis auf Unzufriedenheit in den Reihen.

Zu häufige Belohnungen sind ein Zeichen dafür, dass der Feind am Ende seiner Kräfte ist, denn wenn eine Armee bedrängt ist, besteht immer die Gefahr einer Meuterei, und es werden großzügige Belohnungen gegeben, um die Männer bei Laune zu halten.

Zu viele Bestrafungen sind ein Anzeichen für schlimme Nöte, denn in solchen Situationen läßt die Disziplin nach, und unnachgiebige Strenge ist nötig, um die Männer an ihre Pflichten zu erinnern.

Wenn Soldaten bestraft werden, bevor du sie für dich gewonnen hast, werden sie nicht unterwürfig sein; und wenn sie nicht unterwürfig sind, werden sie praktisch nutzlos sein.

Werden jedoch, sobald die Soldaten dir zugetan sind, die verdienten Strafen nicht verhängt, dann werden die Männer ebenfalls nutzlos sein. Deshalb müssen Soldaten vor allem menschlich behandelt, doch mit eiserner Disziplin unter

Kontrolle gehalten werden. Dies ist eine sichere Straße zum Sieg.

Wenn bei der Ausbildung der Soldaten jeder Verstoß bestraft wird, dann wird die Armee gut diszipliniert sein; wenn nicht, wird die Disziplin schlecht sein.

Wenn ein General sein Vertrauen zu seinen Männern zeigt, doch immer darauf besteht, dass seine Befehle befolgt werden, dann werden beide einen Gewinn daraus ziehen.

Die Kunst, Befehle zu geben, besteht darin, bei kleinen Verstößen nicht zu hart zu strafen und bei kleinen Zweifeln nicht zu schwanken.

Unsicherheit und übergroße Strenge sind die sichersten Methoden, das Selbstvertrauen einer Armee zu untergraben.

Verdächtige Offenheit

Erfahrungen mit sexualisierter Gewalt sind leider unter den Schülern sehr weit verbreitet und die posttraumatischen Belastungsstörungen führen manchmal auch zu schwachen schulischen Leistungen.

Somit ist für mich klar, dass in einer Klasse aus relativ schwachen Schulabgängern auch mit Jugendlichen zu rechnen ist, die Erfahrungen mit sexualisierter Gewalt haben.

Eine Konfrontation mit dem Thema kann Jugendliche aus ihrer Reserve locken und sie dazu bringen von dem erlebten zu berichten. Dadurch ist es erst möglich passgenaue Hilfe zu organisieren.

Als ich kurz nach der Hochschule meine erste Stelle antrat, hatte ich eine sechzehnjährige Schülerin, die um meine Aufmerksamkeit buhlte.

Sie stand eines Tages in meinem Büro und weinte bitterlich. Sie sagte, sie hätte als Kind schlimme Vergewaltigungen erlebt.

Allein die offene Art so darüber zu sprechen ließen bei mir alle Alarmglocken läuten und nachdem sie merkte, dass ich nicht so leicht auf ihre Geschichte anspringe, ist sie dann auch verschwunden. Ihre Freundin bestätigte mir später, dass die Geschichte nur erfunden war.

Zu viele Strafen

Eine Lehrerin wurde ihrer Klasse nicht mehr Herr und versuchte durch das ständige verteilen von Strafarbeiten die Disziplin wieder herzustellen. Das Ergebnis war jedoch, dass die Schüler schon darauf warteten Strafarbeiten zu erhalten. Es war völlig normal für die Schüler und gehörte einfach zu den täglichen Hausarbeiten.

Somit hatte die Strafe jeglichen Schrecken verloren. Ab diesem Zeitpunkt war es für die Lehrerin praktisch unmöglich die Schüler zu bändigen, da die Bestrafung, oder ihre Ankündigung, keinerlei Wirkung mehr hatte.

Absurde Strafen

Eine Mutter berichtete mir, dass sie ihren fünfzehnjährigen Sohn zur Pünktlichkeit erziehen wolle. Als er abends nicht, wie versprochen um 19:00 Uhr, sondern um 19:05 Uhr nach Hause kam, bekam er dafür eine Woche Hausarrest.

Ich frage die Mutter daraufhin, was für eine Strafe sie verhängen möchte, wenn er über eine Stunde zu spät kommt. Sie konnte mir darauf nicht antworten.

Mache zum Gegenstand deiner Meditation

Welche Strafen können bei welchen Vergehen sinnvoll verhängt werden?

Sind deine Strafen gerecht?

Hast du deine »Truppe« erst für dich gewinnen können, bevor du zu strafen begonnen hast?

Strafst du zu hart?

Strafst du jeden Verstoß?

13. Die neun Situationen

(…) Der geschickte Taktiker kann mit der Shuairan verglichen werden. Die Shuairan ist eine Schlange, die in den
Chang Bergen gefunden wird. Schlage ihr auf den Kopf, und
der Schwanz wird dich angreifen; schlage ihr auf den
Schwanz, und der Kopf wird dich angreifen; schlage sie in
der Mitte, und Kopf und Schwanz werden dich angreifen.

Wenn du gefragt wirst, ob eine Armee die Shuairan imitieren kann, dann antworte mit Ja. Denn die Männer von Wu
und die Männer von Yue sind Feinde; doch wenn sie im gleichen Boot einen Fluß überqueren und von einem Sturm ü-
berrascht werden, helfen sie einander, wie die linke Hand der
Rechten hilft.

Es reicht nicht, Pferde anzubinden und Wagenräder im Boden einzugraben. Es reicht nicht, die Flucht durch solche
mechanischen Mittel unmöglich zu machen.

Du hast keinen Erfolg, wenn deine Männer nicht standhaft
und im Willen geeint sind; vor allem müssen sie von einem
Gemeinschaftsgefühl beseelt sein.

Dies ist die Lektion, die von der Shuairan gelernt werden
kann.

Das Prinzip, nach dem eine Armee geführt werden muss, besteht darin, ein Mindestmaß an Mut festzusetzen, das alle
beweisen müssen.

Das Beste aus starken und schwachen Punkten zu machen
ist eine Sache, die mit der richtigen Nutzung des Geländes
zu tun hat.

Der kluge General führt seine Armee genauso, als führte er
einen einzelnen Mann an der Hand. (…)

Denn es ist die Art des Soldaten, störrisch Widerstand zu leisten, wenn er umzingelt wird, hart zu kämpfen, wenn er sich nicht zu helfen weiß, und prompt zu gehorchen, wenn er in Gefahr geraten ist. (...)

Konfrontiere deine Soldaten mit der Tat selbst, laß sie nie von deinem Vorhaben erfahren. Wenn die Aussichten gut sind, führe es ihnen vor Augen, doch sage ihnen nichts, wenn Unheil droht.

Schicke deine Armee in tödliche Gefahr, und sie wird überleben; schicke sie in eine verzweifelte Situation, und sie wird sie überwinden. (...)

Benutze den Weg, den die Regel bestimmt, und mache dich mit dem Feind vertraut, bis du eine entscheidende Schlacht schlagen kannst.

Dann zeige zuerst die Schüchternheit eines Mädchens, bis dein Feind den ersten Zug macht; danach entwickle die Geschwindigkeit eines rennenden Hasen, und für den Feind wird es zu spät sein, sich dir zu widersetzen.

Das falsche Gemeinschaftsgefühl

In einer schweizer Schule, in der ich unterrichtete, wurde die Idee des »von einem Gemeinschaftsgefühl beseelt sein« ins Absurde geführt.

Der Schulleiter war in Bezug auf Moral, Disziplin und Methode auf die Lehrerschaft extrem schwach. Um ein völliges auseinanderbrechen des Kollegiums zu verhindern verfolgte er, vermutlich unbewusst, einen perfiden Plan. Er pickte sich stets einen Kollegen aus der Lehrerschaft heraus und hetzte die anderen Kollegen gegen ihn auf.

Dieser gemeinsame Feind war dann das zentrale Verbindungselement der Lehrerschaft.

Leider folgten viele Lehrer völlig unreflektiert dieser Idee und machten sich zum Werkzeug mangelnder Führungsfähigkeit des Schulleiters.

In meinen zwei Jahren, die ich an dieser Schule war, war erst der Schulpsychologe dran, gegen den, bei sich jeder ergebenden Gelegenheit, gewettert wurde, obwohl er seine Arbeit ganz hervorragend gut gemacht hatte. Als dieser einen neue Arbeitsstelle gefunden hatte, verließ er schnell die Schule. Nun war der Musiklehrer dran. Ein halbes Jahr später war auch er mürbe und verließ die Schule. Dann solle ich dran kommen.

Durch viele private Gespräche mit dem Schulpsychologen und dem Musiklehrer waren mir die Mechanismen jedoch bekannt und so entzog ich mich den Attacken, in dem ich die Schule verließ, bevor die Angriffe mich wirklich verletzen konnten. Eine Schlacht, die nicht gewonnen werden kann, darf nicht geführt werden.

Mache zum Gegenstand deiner Meditation

Wovon ist das Gemeinschaftsgefühl in der Klasse oder in der Lehrerschaft »beseelt«. Wie kann es dir gelingen das zu beeinflussen und zu ändern?

14. Angriff durch Feuer

(...) Der erleuchtete Herrscher arbeitet seine Pläne lange vorher aus; der gute General nutzt seine Kräfte.

Er herrscht über die Soldaten durch seine Autorität, schweißt sie zusammen durch Treu und Glauben und macht sie sich durch Belohnungen zu Diensten.

Wenn der Glaube nachläßt, wird es zur Zerrüttung kommen, wenn die Belohnungen ausbleiben, wird man die Befehle nicht beachten.

Bewege dich nicht, wenn du keinen Vorteil siehst; setze deine Truppen nicht ein, wenn es nichts zu gewinnen gibt; kämpfe nicht, wenn die Lage nicht kritisch ist.

Kein Herrscher sollte Truppen ins Feld schicken, nur um einer Laune nachzugeben; kein General sollte aus Verärgerung eine Schlacht beginnen.

Zorn mag sich mit der Zeit in Freude verwandeln; auf Verärgerung mag Zufriedenheit folgen.

Doch ein Königreich, das einmal zerstört wurde, kann nie wieder errichtet werden; und auch die Toten können nicht ins Leben zurückgeholt werden.

So ist der erleuchtete Herrscher umsichtig, und der gute General voller Vorsicht.

Dies ist der Weg, ein Land in Frieden und eine Armee intakt zu halten.

Verbrannte Erde

Als Krankheitsvertreter unterrichte ich in einer 6. Klasse Naturwissenschaften. Die ursprüngliche Lehrerin wurde versetzt, da sie unter Alkoholeinfluss unterrichtete, was auch den Schülern nicht entgangen war.

Ein Schüler terrorisiert die gesamte Klasse. Er wiederholt das Schuljahr und hat sich offensichtlich zum Ziel gesetzt jeden und alle zu stören.

Ich komme mit der Klasse von Anfang an gut zu recht. Dadurch grabe ich dem speziellen Schüler das Wasser ab und auch er fügt sich nach wenigen Stunden ein und verhält sich absolut angemessen. Mir ist zu diesem Zeitpunkt jedoch nicht bewusst warum das bei mir so funktioniert und bei den anderen Lehrern nicht.

Erst durch die Beschäftigung mit Sun Tzu kommt mir die Einsicht, dass es mir häufig automatisch gelingt die Bedingungen Sun Tzus zu erfüllen und mit Moral, Disziplin und Methode so die Klasse zu vereinnahmen, dass auch der auffällige Schüler mich respektieren kann, weil »seine Armee«, also die anderen Schüler, ihm nicht mehr Folge leisten. Sie merken, dass sie bei mir in der »besseren Truppe« sind.

Vielen Kollegen gelingt das offensichtlich nicht so gut und so wird der Schüler letztlich erst für zwei Wochen vom Unterricht ausgeschlossen, später wird er dann die Schule verlassen müssen. Zu viel Erde war bereits verbrannt.

Sun Tzu

Die Kunst des Krieges

Im Frieden bereite dich auf den Krieg vor, im Krieg bereite dich auf den Frieden vor.

Die Kunst des Krieges ist für den Staat von entscheidender Bedeutung.

Sie ist eine Angelegenheit von Leben und Tod, eine Straße die zur Sicherheit oder in den Untergang führt.

Deshalb darf sie unter keinen Umständen vernachlässigt werden

Inhalt

Sun Tzu sagt:

I. Planung

Die Kunst des Krieges ist für den Staat von entscheidender Bedeutung. Sie ist eine Angelegenheit von Leben und Tod, eine Straße, die zur Sicherheit oder in den Untergang führt. Deshalb darf sie unter keinen Umständen vernachlässigt werden.

Die Kunst des Krieges wird von fünf konstanten Faktoren bestimmt, die alle berücksichtigt werden müssen. Es sind dies:

das Gesetz der Moral; Himmel; Erde; der Befehlshaber; Methode und Disziplin.

Das Gesetz der Moral veranlaßt die Menschen, mit ihrem Herrscher völlig übereinzustimmen, so dass sie ihm ohne Rücksicht auf ihr Leben folgen und sich durch keine Gefahr erschrecken lassen.

Himmel bedeutet Nacht und Tag, Kälte und Hitze, Tageszeit und Jahreszeit. Erde umfaßt große und kleine Entfernungen, Gefahr und Sicherheit, offenes Gelände und schmale Pässe, die Unwägbarkeit von Leben und Tod.

Der Befehlshaber steht für die Tugenden der Weisheit, der Aufrichtigkeit, des Wohlwollens, des Mutes und der Strenge.

Methode und Disziplin müssen verstanden werden als die Gliederung der Armee in die richtigen Untereinheiten, die Rangordnung unter den Offizieren, die Behauptung der Straßen, auf denen der Nachschub zur Armee kommt, und die Kontrolle der militärischen Ausgaben.

Diese fünf Faktoren sollten jedem General vertraut sein. Wer sie kennt, wird siegreich sein; wer sie nicht kennt, wird scheitern.

Wenn du also die militärischen Bedingungen bestimmen willst, dann treffe deine Entscheidungen auf Grund von Vergleichen in folgender Weise:

Welcher der beiden Herrscher handelt im Einklang mit dem Gesetz der Moral? Bei wem liegen die Vorteile, die Himmel und Erdgebieten?

Auf welcher Seite wird die Disziplin strenger durchgesetzt?

Welche Armee ist die stärkere? Auf welcher Seite sind Offiziere und Mannschaften besser ausgebildet?

In welcher Armee herrscht die größere Gewissheit, dass Verdienste angemessen belohnt und Missetaten sofort geahndet werden?

Mit Hilfe dieser sieben Bedingungen kann ich Sieg oder Niederlage voraussagen. Der General, der auf meinen Rat hört und nach ihm handelt, wird siegen – belasse einem solchen das Kommando! Der General, der nicht auf meinen Rat hört und nicht nach ihm handelt, wird eine Niederlage erleiden – einen solchen musst du entlassen!

Doch bedenke: Während du aus meinem Rat Nutzen ziehst, solltest du nicht versäumen, dich aller hilfreichen Umstände, die über die üblichen Regeln hinausgehen, zu bedienen und deine Pläne entsprechend anzupassen.

Jede Kriegführung gründet auf Täuschung. Wenn wir also fähig sind anzugreifen, müssen wir unfähig erscheinen;

wenn wir unsere Streitkräfte einsetzen, müssen wir inaktiv scheinen;

wenn wir nahe sind, müssen wir den Feind glauben machen, dass wir weit entfernt sind;

wenn wir weit entfernt sind, müssen wir ihn glauben machen, dass wir nahe sind.

Lege Köder aus, um den Feind zu verführen. Täusche Unordnung vor und zerschmettere ihn.

Wenn der Feind in allen Punkten sicher ist, dann sei auf ihn vorbereitet.

Wenn er an Kräften überlegen ist, dann weiche ihm aus.

Wenn dein Gegner ein cholerisches Temperament hat, dann versuche ihn zu reizen.

Gib vor, schwach zu sein, damit er überheblich wird.

Wenn er sich sammeln will, dann lasse ihm keine Ruhe.

Wenn seine Streitkräfte vereint sind, dann zersplittere sie.

Greife ihn an, wo er unvorbereitet ist, tauche auf, wo du nicht erwartet wirst.

Der General, der eine Schlacht gewinnt, stellt vor dem Kampf im Geiste viele Berechnungen an.

Der General, der verliert, stellt vorher kaum Berechnungen an. So führen viele Berechnungen zum Sieg und wenig Berechnungen zur Niederlage – überhaupt keine erst recht!

Indem ich diesem Punkt Aufmerksamkeit widme, kann ich voraussagen, wer siegen oder unterliegen wird.

II. Über die Kriegführung

Wenn ein Krieg geführt wird, wenn tausend schnelle Wagen im Felde sind, zehntausend schwere Wagen und hunderttausend gepanzerte Soldaten mit genügend Vorräten, um tausend li* weit zu ziehen, dann belaufen sich die Ausgaben zu Hause und an der Front, einschließlich der Bewirtung von Gästen, der Ausgaben für kleine Dinge wie Leim und Farbe und für Wagen und Waffen, auf eine Gesamtsumme von tausend Unzen Silber am Tag. Dies sind die Kosten, wenn man eine Armee von hunderttausend Mann aufstellt

Wenn der Kampf tatsächlich begonnen hat und der Sieg lange auf sich warten läßt, dann werden die Waffen der Männer stumpf und ihr Eifer wird gedämpft.

Wenn du eine Stadt belagerst, wirst du deine Kräfte erschöpfen, und wenn der Feldzug sich lange hinzieht, werden die Schätze des Staates unter der Belastung schwinden.

Vergiß nie: Wenn deine Waffen stumpf werden, wenn dein Kampfesmut gedämpft wird, deine Kraft erschöpft und dein Schatz ausgegeben ist, dann werden andere Anführer aus deiner Not einen Vorteil schlagen. Kein Mann, wie weise er auch sein mag, kann abwenden, was darauf folgen muss.

Zwar haben wir von dummer Hast im Kriege gehört, doch Klugheit wurde noch nie mit langen Verzögerungen in Verbindung gebracht.

In der ganzen Geschichte gibt es kein Beispiel dafür, dass ein Land aus einem langen Krieg Gewinn gezogen hätte. Nur wer die schrecklichen Auswirkungen eines langen Krieges kennt, vermag die überragende Bedeutung einer raschen Beendigung zu sehen. Nur wer gut mit den Übeln des Krieges vertraut ist, kann die richtige Art erkennen, ihn zu führen.

Der fähige General befiehlt keine zweite Aushebung, und seine Vorratswagen werden nicht mehr als zweimal beladen.

Wenn der Krieg erklärt ist, verschwendet er keine Zeit, indem er auf Verstärkung wartet, und er läßt seine Armee nicht kehrtmachen, um Vorräte aufzunehmen, sondern er überschreitet ohne Verzögerung die Grenze des Feindes.

Der Zeitvorteil – das heißt, dem Gegner ein wenig voraus zu sein, war häufig wichtiger als zahlenmäßige Überlegenheit oder die schönsten Rechenspiele mit dem Nachschub.

Nimm Kriegsmaterial von zu Hause mit, doch plündere beim Feind. So wird die Armee Nahrung haben.

Wenn die Staatskasse leer ist, muss die Armee durch Opfer des Volkes unterhalten werden. Wenn das Volk eine entfernte Armee unterhalten muss, verarmt es.

Andererseits läßt die Nähe einer Armee die Preise steigen; und hohe Preise nehmen den Menschen ihre Ersparnisse. Wenn ihre Ersparnisse erschöpft sind, stehen ihnen schlimme Auspressungen bevor.

Wegen des Verlustes der Ersparnisse und der Erschöpfung ihrer Kraft wird man die Häuser der Menschen vollkommen leeren, und ihr Einkommen schwindet. Zugleich werden die Ausgaben der Regierung für zerbrochene Wagen, erschöpfte Pferde, Brustharnische und Helme, Bogen und Pfeile, Speere und Schilde, Sturmdächer, Zugochsen und schwere Wagen bis zur Hälfte der ganzen Steuereinnahmen steigen.

Ein weiser General achtet darauf, beim Feind zu plündern. Eine Wagenladung Vorräte vom Feind entspricht zwanzig eigenen, und gleichermaßen ist ein einziges dan** von seinem Futter zwanzig aus dem eigenen Vorratslager wert.

Nun muss, damit sie den Feind töten, der Zorn unserer Männer erweckt werden. Damit sie im Schlagen des Feindes einen Vorteil erkennen, müssen sie auch Belohnungen bekommen. Wenn du also beim Feind Beute machst, dann benutze sie als Belohnung, damit alle deine Männer, jeder für sich, begierig sind zu kämpfen.

Wenn beim Kampf mit Wagen zehn oder mehr Wagen erbeutet werden, dann sollen die belohnt werden, welche den ersten nahmen.

Unsere eigenen Banner sollen die des Feindes ersetzen, und seine Wagen werden in die unseren eingereiht und mit ihnen zusammen benutzt.

Die gefangenen Soldaten sollen freundlich behandelt und behalten werden. Dies bedeutet, die unterworfenen Feinde zur Stärkung der eigenen Kraft zu benutzen.

Dein großes Ziel im Krieg soll der Sieg sein und kein langwieriger Feldzug. So kann es heißen, dass der Anführer der Armeen der Schiedsrichter über das Schicksal des Volkes ist; der Mann, von dem es abhängt, ob die Nation in Frieden oder in Gefahr lebt.

* *1,72 moderne li entsprechen einem Kilometer*
** *Chinesische Gewichtseinheit, die etwa sechzig Kilogramm entspricht.*

III. Das Schwert in der Scheide

In all deinen Schlachten zu kämpfen und zu siegen ist nicht die größte Leistung. Die größte Leistung besteht darin, den Widerstand des Feindes ohne einen Kampf zu brechen.

In der praktischen Kriegskunst ist es das Beste überhaupt, das Land des Feindes heil und intakt einzunehmen; es zu zerschmettern und zu zerstören ist nicht so gut. So ist es auch besser, eine Armee vollständig gefangen zunehmen, als sie zu vernichten, ein Regiment, eine Abteilung oder eine Kompanie im Ganzen gefangen zunehmen, statt sie zu zerstören.

Die höchste Form de militaristischen Führerschaft ist, die Pläne des Feindes zu durchkreuzen; die nächst beste, die Vereinigung der feindlichen Streitkräfte zu verhindern; die nächste in der Rangfolge ist, die Armee des Feindes im Felde anzugreifen; und die schlechteste Politik, befestigte Städte zu belagern, denn die Vorbereitung von Sturmdächern, beweglichen Schutzwällen und verschiedenem Kriegsgerät erfordert drei volle Monate; und das Aufschütten von Hügeln an den Stadtmauern erfordert weitere drei Monate.

Der General, der nicht fähig ist, seinen Zorn zu zügeln, schickt seine Männer gleich ausschwärmenden Ameisen in den Kampf, und das Ergebnis ist, dass ein Drittel seiner Männer erschlagen wird, während die Stadt unbesiegt bleibt. Dies sind die verhängnisvollen Auswirkungen einer Belagerung.

Der kluge Anführer unterwirft die Truppen des Feindes ohne Kampf; er nimmt seine Städte, ohne sie zu belagern; er besiegt ein Königreich ohne langwierige Operationen im Felde. Er wendet sich mit seinen Truppen gegen den Machthaber im feindlichen Königreich, und sein Triumph wird vollkommen sein, ohne dass er einen Mann verliert.

Dies ist die Methode, mit einer Kriegslist anzugreifen, indem man das Schwert in der Scheide läßt.

Die Regel im Krieg ist: Wenn unsere Streitkräfte dem Feind zehn zu eins überlegen sind, umzingeln wir ihn. Wenn wir fünf zu eins überlegen sind, greifen wir an. Wenn wir doppelt so zahlreich sind, teilen wir unsere Armee, und ein Teil greift von vorn an, während der andere ihm in den Rücken fällt; wenn er den Frontalangriff erwidert, kann er von hinten zerschmettert werden; wenn er den Angriff aus dem Hinterhalt erwidert, kann er von vorn zerschmettert werden.

Wenn die Kräfte gleich sind, können wir eine Schlacht erwägen. Wenn wir zahlenmäßig leicht unterlegen sind, meiden wir den Feind. Wenn wir ihm in keiner Hinsicht gewachsen sind, können wir ihn fliehen. Eine kleine Truppe kann den Feind zwar aufhalten, doch am Ende wird sie von der größeren Streitmacht gefangen genommen.

Der General ist das Bollwerk des Staates: Wenn das Bollwerk überall fest ist, bleibt der Staat stark. Wenn das Bollwerk mangelhaft ist, wird der Staat geschwächt. Es gibt drei Arten, auf die ein Herrscher seiner Armee Unglück bringen kann:

Wenn er der Armee den Sturm oder Rückzug befiehlt und die Tatsache nicht bemerkt, dass sie nicht gehorchen kann. Dies nennt man die Armee in Kalamitäten bringen.

Wenn er versucht, eine Armee auf die gleiche Weise zu führen, wie er ein Königreich regiert, und die Bedingungen nicht erkennt, die in einer Armee vorherrschen. Dies macht die Soldaten unruhig.

Menschlichkeit und Gerechtigkeit sind die Prinzipien, nach denen ein Staat geführt wird, doch nicht die Armee; Opportunismus und Flexibilität dagegen sind militärische, keine zivilen Tugenden.

Wenn er die Offiziere seiner Armee ohne Unterschied ein-
setzt und das militärische Prinzip der Anpassung an die
Umstände vernachlässigt. Dies erschüttert das Selbstver-
trauen der Soldaten.

Wenn die Armee ruhelos und mißtrauisch ist, werden die
anderen Lehnsfürsten Schwierigkeiten machen. Dies bedeu-
tet, Anarchie in die Armee zu tragen und den Sieg fahrenzu-
lassen. Denn es gibt fünf wesentliche Voraussetzungen für
den Sieg:

Siegen wird der, der weiß, wann er kämpfen muss und wann
nicht.

Siegen wird der, der weiß, wie er mit überlegenen und un-
terlegenen Streitkräften verfährt.

Siegen wird der, dessen Armee in allen Rängen vom gleichen
Geist beseelt ist.

Siegen wird der, der gut vorbereitet darauf wartet, den un-
vorbereiteten Feind anzugehen.

Siegen wird der, der militärisch fähig ist und nicht mit der
Einmischung seines Herrschers rechnen muss.

Wenn du den Feind und dich selbst kennst, brauchst du den
Ausgang von hundert Schlachten nicht zu fürchten.

Wenn du dich selbst kennst, doch nicht den Feind, wirst du
für jeden Sieg, den du erringst, eine Niederlage erleiden.

Wenn du weder den Feind noch dich selbst kennst, wirst du
in jeder Schlacht unterliegen.

IV. Taktik

Die guten Kämpfer der Vergangenheit schlossen jede Möglichkeit einer Niederlage aus und warteten dann auf eine Gelegenheit, den Feind zu schlagen. Es liegt in unserer Hand, uns vor einer Niederlage zu schützen, doch die Gelegenheit, den Feind zu schlagen, gibt uns der Feind selbst. Deshalb der Spruch: Man kann wissen, wie man siegt, ohne fähig zu sein, es zu tun.

Schutz vor der Niederlage verlangt eine defensive Taktik; die Fähigkeit, den Feind zu schlagen, bedeutet, die Offensive zu ergreifen. In der Defensive zu beharren verrät unzureichende Kräfte; anzugreifen einen Überfluss an Kraft.

Der General, der in der Verteidigung erfahren ist, versteckt sich in den tiefsten Höhlen der Erde; wer im Angriff geschickt ist, fährt aus den höchsten Höhen des Himmels nieder. So haben wir auf der einen Seite die Fähigkeit, uns zu schützen, und auf der anderen die Möglichkeit, einen vollständigen Sieg zu erringen.

Den Sieg nur zu sehen, wenn er auch von allen anderen gesehen wird, ist kein Beweis hervorragender Leistung. Und es ist kein Beweis hervorragender Leistung, wenn du kämpfst und siegst und das ganze Königreich sagt: »Gut gemacht!« Wahre Vortrefflichkeit ist es, insgeheim zu planen, sich heimlich zu bewegen, dem Feind einen Strich durch die Rechnung zu machen und seine Pläne zu vereiteln, so dass zumindest der Tag ohne einen Tropfen vergossenen Blutes gewonnen wird.

Eine Spinnwebe zu heben, ist kein Beweis für große Kraft; Sonne und Mond zu sehen, ist kein Beweis für ein scharfes Auge; den Lärm des Donners zu hören, ist kein Beweis für ein gutes Ohr.

Die alten Weisen nannten den einen klugen Kämpfer, der nicht nur siegt, sondern sich dadurch auszeichnet, dass er mit Leichtigkeit siegt. Seine Siege werden ihm aber weder den Ruf der Weisheit noch den des Mutes einbringen. Denn soweit sie durch Umstände errungen werden, die nicht ans Licht gekommen sind, wird die Allgemeinheit nichts von ihnen wissen, und deshalb wird man ihn nicht wegen seiner Weisheit loben; und wenn sich der feindliche Staat unterwirft, ehe ein Tropfen Blut geflossen ist, wird man ihn nicht für seinen Mut rühmen.

Er gewinnt seine Schlachten, indem er keine Fehler macht. Keine Fehler zu machen ist die Grundlage für die Gewissheit des Sieges, denn es bedeutet, einen Feind zu besiegen, der bereits geschlagen ist.

So bringt sich der umsichtige Kämpfer in eine Position, die die Niederlage unmöglich macht, und er versäumt nicht den richtigen Augenblick, den Feind zu schlagen. So sucht im Krieg der siegreiche Stratege nur dann den Kampf, wenn der Sieg bereits errungen ist, wogegen einer, der zum Untergang verurteilt ist, zuerst kämpft und danach den Sieg sucht. Eine siegreiche Armee, die gegen eine Geschlagene antritt, ist ein ganzes Pfund gegen ein einziges Korn auf der Waagschale. Der Ansturm der siegreichen Streitkräfte ist wie das Hereinbrechen aufgestauter Wasser in eine tausend Faden tiefe Schlucht.

Der vollendete Anführer hütet das Gesetz der Moral und achtet streng auf Methode und Disziplin; so liegt es in seiner Macht, den Erfolg zu bestimmen.

Soviel zur Taktik.

V. Energie

Die Führung einer großen Streitmacht ist im Prinzip das gleiche wie die Führung einiger weniger Männer: Es kommt nur darauf an, ihre Zahl aufzuteilen. Mit einer großen Armee unter deinem Kommando zu kämpfen ist in keiner Weise anders als der Kampf mit einer Kleinen; es kommt nur darauf an, Zeichen und Signale festzulegen.

Benutze direkte und indirekte Manöver, um sicherzustellen, dass deine ganzen Heerscharen der Wucht des feindlichen Angriffs unerschüttert widerstehen. Bei jedem Kampf kann die direkte Methode angewendet werden, wenn die Schlacht beginnt, doch indirekte Methoden sind nötig, um den Sieg sicher zu stellen.

Richtig angewendete indirekte Taktiken sind unerschöpflich wie Himmel und Erde, endlos wie das Gleiten von Flüssen und Strömen; wie die Bahnen von Sonne und Mond enden sie, um von Neuem zu beginnen; wie die vier Jahreszeiten vergehen sie und kehren wieder.

Es gibt nicht mehr als fünf Musiknoten, doch die Kombinationen dieser fünf lassen mehr Melodien entstehen, als je gehört werden können. Es gibt nicht mehr als fünf Grundfarben, doch kombiniert erzeugen sie mehr Schattierungen, als je gesehen werden können. Es gibt nicht mehr als fünf Geschmacksrichtungen - sauer, scharf, salzig, süß und bitter -, doch ihre Kombinationen ergeben mehr Geschmacksnoten, als je geschmeckt werden können.

In der Schlacht jedoch gibt es nicht mehr als zwei Angriffsmethoden - die direkte und die indirekte, doch diese zwei ergeben kombiniert eine endlose Reihe von Manövern. Die direkte und die indirekte Methode gehen ineinander über. Es ist wie eine Kreisbewegung: Man erreicht nie das Ende. Wer könnte ihre Kombinationsmöglichkeiten erschöpfen?

Der Ansturm von Truppen ist wie das Brausen eines Stroms, der auf seinem Weg sogar Steine mitreißt. Die richtige Entscheidung gleicht dem wohlberechneten Herabstoßen eines Falken, der zuschlägt und sein Opfer tötet. Deshalb ist ein guter Kämpfer schrecklich im Sturm und rasch in seiner Entscheidung.

Energie kann mit dem Spannen einer Armbrust verglichen werden; die Entscheidung mit dem Ziehen des Drückers.

Mitten im Toben und Wogen des Kampfes mag scheinbar Unordnung herrschen, wo doch keine Unordnung ist; mitten in Verwirrung und Chaos mag dein Gefolge kopflos oder ziellos erscheinen, und doch wird es vor der Niederlage geschützt sein.

Vorgetäuschte Unordnung erfordert perfekte Disziplin; vorgetäuschte Furcht erfordert Mut; vorgetäuschte Schwäche erfordert Stärke. Die Ordnung unter dem Mantel der Unordnung zu verstecken ist einfach eine Frage der Unterteilung; den Mut in scheinbarer Verzagtheit zu verbergen setzt schlummernde Energie voraus; Stärke mit Schwäche zu maskieren ist eine Folge von taktischen Erwägungen.

Wer also das Geschick besitzt, den Feind in Atem zu halten, baut Täuschungen auf, die den Feind zum Handeln veranlassen. Er opfert etwas, damit der Feind danach greift. Indem er Köder auslegt, hält er ihn in Bewegung; und mit einer Truppe Schwerbewaffneter lauert er ihm auf.

Der kluge Kämpfer achtet auf die Wirkung der kombinierten Energie und verlangt nicht zu viel vom einzelnen. Er zieht individuelle Talente in Rechnung und benutzt jeden Mann, seinen Fähigkeiten entsprechend. Er verlangt von Unfähigen keine Perfektion. Wenn er die kombinierte Energie benutzt, wirken seine kämpfenden Männer wie rollende Baumstämme oder Felsen.

Denn es ist die Natur eines Baumstammes oder Steins, reg-
los auf ebenem Grund zu liegen und zu rollen, wenn er auf
einen Abhang gerät; wenn er viereckig ist, bleibt er wieder
liegen, doch wenn er rund ist, rollt er hinab.

So ist die von guten Kämpfern entwickelte Energie wie der
Schwung eines runden Steins, der einen tausend Fuß hohen
Berg hinunterrollt. Soviel zum Thema Energie.

VI. Schwache und starke Punkte

Benutze die Wissenschaft der schwachen und starken Punk-
te, damit der Vorsturm deiner Armee den Feind trifft, als
würde ein Mahlstein auf ein Ei treffen.

Wer als erster auf dem Felde ist und das Kommen des Fein-
des erwartet, der ist für den Kampf ausgeruht;

wer als zweiter aufs Feld kommt und zur Schlacht eilt, der
trifft erschöpft ein. Deshalb zwingt der kluge Kämpfer sei-
nem Gegner seinen Willen auf, doch er läßt nicht zu, dass
der Gegner ihm den seinen aufzwingt.

Indem er ihm einen Vorteil anbietet, kann er den Zeitpunkt
bestimmen, zu dem der Feind sich nähert; oder er kann es
dem Feind, indem er ihm Schaden zufügt, unmöglich ma-
chen näherzurücken.

Im ersten Fall wird er ihn mit einem Köder locken; im zwei-
ten wird er an einem wichtigen Punkt zuschlagen, den der
Feind schützen muss.

Belästige den Feind, wenn er sich Ruhe gönnen will. Zwinge
ihn zum Aufbruch, wenn er ruhig lagert. Hungere ihn aus,
wenn er gut mit Nahrungsmitteln versorgt ist. Tauche an
Punkten auf, die der Feind hastig verteidigen muss. Mar-
schiere rasch zu Orten, an denen du nicht erwartet wirst.

Eine Armee kann ohne Mühe große Entfernungen überwinden, wenn sie durch Gebiete marschiert, in denen der Feind nicht ist.

Du kannst sicher sein, mit deinem Angriff Erfolg zu haben, wenn du nur Orte angreifst, die unverteidigt sind. Du kannst die Sicherheit deiner Verteidigung erhöhen, wenn du nur Positionen hältst, die nicht angegriffen werden können.

Der General, dessen Gegner nicht weiß, was er verteidigen soll, greift weise an; und er ist ein weiser Verteidiger, wenn sein Gegner nicht weiß, was er angreifen soll.

Der geschickte Angreifer fährt aus den höchsten Höhen des Himmels hernieder, denn so macht er es dem Feind unmöglich, sich gegen ihn zu wappnen. Aus diesem Grund muss er genau die Stellen angreifen, die der Feind nicht verteidigen kann.

Der geschickte Verteidiger verbirgt sich in den tiefsten Höhlen der Erde, denn so macht er es dem Feind unmöglich, seinen Aufenthaltsort zu erraten. Aus diesem Grunde sollen genau die Orte gehalten werden, die der Feind nicht angreifen kann.

Oh, die göttliche Kunst der Geschicklichkeit und Verstohlenheit! Durch sie lernen wir, unsichtbar zu sein, durch sie sind wir unhörbar, und damit halten wir das Schicksal des Feindes in unserer Hand.

Du kannst vorstürmen und absolut unüberwindlich sein, wenn du die schwachen Punkte des Feindes angehst;

du kannst dich zurückziehen und vor Verfolgung sicher sein, wenn deine Bewegungen schneller sind als die des Feindes.

Wenn wir kämpfen wollen, können wir den Feind zu Kampfhandlungen zwingen, obwohl er vielleicht hinter hohen Wäl-

len und einem tiefen Graben in Deckung liegt. Alles, was wir dazu tun müssen, ist, einen anderen Ort anzugreifen, so dass er gezwungen ist, Ersatz zu schicken.

Wenn der Feind in unser Land eindringt, schneiden wir seine Nachrichtenverbindungen ab und besetzen die Straßen, auf denen er zurückkehren muss; wenn wir in sein Land eindringen, richten wir unseren Angriff gegen den Herrscher selbst.

Wollen wir nicht kämpfen, dann können wir verhindern, dass der Feind uns in einen Kampf verwickelt, auch wenn unser Lager nur von einer Linie auf dem Boden umgeben ist. Alles, was wir dazu tun müssen, ist, ihm etwas Seltsames, Unerklärliches in den Weg zu legen.

Wenn wir die Planung des Feindes aufdecken und selbst unsichtbar bleiben, können wir unsere Streitkräfte konzentriert halten, während der Feind die Seinen teilen muss.

Wenn die Planung des Feindes offensichtlich ist, können wir ihn im Verband angehen; und wenn wir unsere eigenen Planungen geheimkalten, ist der Feind gezwungen, seine Streitkräfte zu teilen, um sich in allen Richtungen vor Angriffen zu schützen.

Wir können einen geeinten Kampfverband bilden, während der Feind sich in Unterabteilungen zersplittern muss. So wird ein Ganzes gegen Teile eines Ganzen stehen, was bedeutet, dass wir viele sind im Vergleich zu wenigen Feinden.

Und wenn wir auf diese Weise in der Lage sind, eine unterlegene Streitmacht mit einer überlegenen anzugreifen, sind unsere Gegner dem Untergang geweiht.

Die Stelle, an der wir kämpfen wollen, darf nicht bekannt werden, damit der Feind sich an mehreren Stellen auf Angriffe vorbereiten muss; so sind seine Truppen in viele Rich-

tungen verstreut, und die Anzahl derer, denen wir an jedem dieser Punkte gegenüberstehen, wird verhältnismäßig niedrig sein.

Denn: Stärkt der Feind die Front, dann schwächt er seine Nachhut: stärkt er die Nachhut, so schwächt er die Front; stärkt er die linke Flanke, schwächt er die Rechte. Wenn er Verstärkungen in alle Richtungen schickt, ist er überall geschwächt.

Zahlenmäßige Schwäche entsteht, wenn man sich gegen mögliche Angriffe wappnen muss; zahlenmäßige Stärke entsteht, wenn wir unseren Feind zwingen, diese Vorbereitungen gegen uns zu treffen.

Wenn wir den Ort und die Zeit der bevorstehenden Schlacht wissen, können wir uns aus größter Entfernung auf den Kampf konzentrieren.

Sind jedoch weder Ort noch Zeit bekannt, dann ist der linke Flügel unfähig, den rechten zu unterstützen, der rechte unfähig, den linken zu unterstützen, die Vorhut unfähig, die Nachhut zu unterstützen, die Nachhut unfähig, die Vorhut zu unterstützen.

Dies ist um so schlimmer, wenn die entferntesten Teile einer Armee hundert li voreinander entfernt und sogar die nächsten noch durch einige li getrennt sind!

Wenn der Feind uns zahlenmäßig überlegen ist, können wir ihn am Kampf hindern.

Versuche, seine Pläne aufzudecken und zu erkennen, wie erfolgversprechend sie sind. Reize ihn, und ergründe das seiner Aktivität oder Inaktivität zugrunde liegende Prinzip. Zwinge ihn, sich Blößen zu geben, damit du seine verwundbaren Stellen findest. Vergleiche die gegnerische Armee sorg-

fältig mit deiner eigenen, damit du erkennst, wo ein Über-maß an Kräften herrscht und wo sie fehlen.

Das höchste Ziel bei allen taktischen Entscheidungen muss sein, sie geheimzuhalten; halte deine Entscheidungen geheim, und du bist sicher vor den Augen der geschicktesten Spione und vor den Ränken der klügsten Köpfe.

Was viele nicht verstehen, ist, wie der Sieg mit Hilfe der Taktik des Feindes selbst errungen werden kann.

Alle Menschen können die einzelnen Taktiken sehen, die eine Eroberung möglich machen, doch fast niemand kann die Strategie sehen, aus welcher der Gesamtsieg erwächst.

Militärische Taktik ist dem Wasser ähnlich; denn das Wasser strömt in seinem natürlichen Lauf von hohen Orten herunter und eilt bergab. So muss im Krieg gemieden werden, was stark ist, und geschlagen werden, was schwach ist. Wasser bahnt sich seinen Weg entsprechend der Natur des Bodens, auf dem es fließt; der Soldat erkämpft sich seinen Weg entsprechend der Natur des Feindes, dem er gegenübersteht.

Und wie Wasser keine unveränderliche Form kennt, gibt es im Krieg keine unveränderlichen Bedingungen.

Die fünf Elemente - Wasser, Feuer, Holz, Metall und Erde - sind nicht immer im gleichen Verhältnis vorhanden; die vier Jahreszeiten wechseln einander ab. Es gibt kurze und lange Tage; der Mond hat zunehmende und abnehmende Perioden. Wer seine Taktik auf seinen Feind abstimmt und deshalb den Sieg erringt, kann ein vom Himmel geleiteter Anführer genannt werden.

VII. Manöver

Ohne Harmonie im Staate kann kein militärischer Feldzug unternommen werden; ohne Harmonie in der Armee kann kein Kampfverband gebildet werden.

Im Krieg bekommt der General seine Befehle vom Herrscher. Nachdem er eine Armee aufgestellt und die Streitkräfte um sich versammelt hat, muss er deren verschiedene Elemente vereinen und in Harmonie bringen, bevor er sein Lager aufschlägt.

Danach kommen die taktischen Manöver, und es gibt nichts Schwierigeres. Die Schwierigkeit besteht darin, das Ungezielte ins Gezielte zu verwandeln, das Unglück in den Sieg. So zeigt sich die Kunst der Ablenkung darin, einen langen, gewundenen Weg zu nehmen, nachdem man den Feind fortgelockt hat, und das Ziel vor ihm zu erreichen, obwohl man nach ihm aufgebrochen ist.

Es ist vorteilhaft, die Armee zu bewegen; mit einem undisziplinierten Haufen jedoch ist es höchst gefährlich.

Wenn du eine voll ausgerüstete Armee in Marsch setzt, um einen Vorteil zu erringen, besteht die Möglichkeit, dass du zu spät kommst.

Wenn du andererseits eine leicht ausgerüstete Abteilung vorausschickst, bedeutet dies, dass deren Gepäck und Vorräte geopfert werden.

Wenn du also deinen Männern befiehlst, die Ärmel ihrer Büffellederjacken hochzukrempeln und ohne Halt Tag und Nacht über hundert li, das Doppelte der gewöhnlichen Strecke, zu marschieren, um einen Vorteil zu erringen, dann werden die Anführer deiner drei Divisionen dem Feind in die Hände fallen.

Die stärkeren Männer werden vorn sein, die Erschöpften werden zurückfallen, und so wird nur ein Zehntel deiner Armee ihr Ziel erreichen.

Wenn du fünfzig li marschierst, um den Feind auszumanövrieren, wirst du den Führer deiner ersten Division verlieren, und nur die Hälfte deiner Armee wird das Ziel erreichen.

Wenn du aus dem gleichen Grund dreißig li marschierst, werden zwei Drittel deiner Armee ankommen.

Eine Armee ohne ihren Tross ist verloren; ohne Proviant ist sie verloren; ohne Versorgungslager ist sie verloren.

Wir können uns nicht auf Bündnisse einlassen, solange wir nicht mit den Plänen unserer Nachbarn vertraut sind.

Wir sind nicht fähig, eine Armee auf den Marsch zu führen, wenn wir nicht mit den Eigenschaften des Landes vertraut sind - mit den Bergen und Wäldern, den Fallgruben und Steilklippen, den Mooren und Sümpfen.

Wir werden auch natürliche Vorteile nicht für uns nutzen können, wenn wir keine ortskundigen Führer einsetzen.

Übe im Krieg die Verstellung und du wirst siegen. Bewege dich nur, wenn ein wirklicher Vorteil zu gewinnen ist. Lasse die Umstände bestimmen, ob du deine Truppen konzentrierst oder teilst. Deine Schnelligkeit soll sein wie die des Windes, deine Festigkeit wie die des Waldes. Beim Angriff und Plündern sei wie das Feuer; wenn du dich nicht weiterbewegst, sei wie ein Berg.

Deine Pläne sollen dunkel und undurchdringlich sein wie die Nacht, und wenn du dich bewegst, dann stürze herab wie ein Blitzschlag.

Wenn du ein Land plünderst, dann lasse die Beute unter deinen Männern verteilen; wenn du neues Land besetzt, dann teile es in Parzellen und gib sie deinen Soldaten.

Überlege jede Bewegung ganz genau. Siegen wird, wer den Kunstgriff der Täuschung beherrscht. Dies ist die Kunst des Manövrierens.

Denn wie das alte Buch der Armeeführung sagt: Auf dem Schlachtfeld dringt das gesprochene Wort nicht weit genug; deshalb werden Gongs und Trommeln benutzt. Ebensowenig sind gewöhnliche Gegenstände deutlich sichtbar; deshalb werden Banner und Flaggen benutzt.

Gongs und Trommeln, Banner und Flaggen sind Mittel, durch welche Ohren und Augen der Truppen auf einen bestimmten Punkt konzentriert werden. So bilden die Truppen einen geeinten Körper, und es ist dem Tapferen unmöglich, allein vorzustürmen, und dem Feigen unmöglich, sich allein zurück zu ziehen.

Dies ist die Kunst, große Massen von Männern anzuführen.

Also benutze, wenn du nachts kämpfst, Signalfeuer und Trommeln und wenn du tagsüber kämpfst, Flaggen und Banner, um die Augen und Ohren deiner Armee zu führen.

Man kann einer ganzen Armee den Kampfgeist rauben; man kann einem Kommandanten seine Geistesgegenwart rauben.

Nun ist der Geist eines Soldaten morgens am schärfsten; zu Mittag läßt er bereits nach; und am Abend hat er nur im Sinn, ins Lager zurückzukehren.

Deshalb meidet ein kluger General eine Armee, deren Geist geschärft ist, und greift an, wenn die Männer nachlässig sind und an die Rückkehr denken. Dies ist die Kunst, die Stimmungen zu studieren.

Diszipliniert und ruhig wartet er auf Anzeichen von Unordnung und Durcheinander beim Feind. Dies ist die Kunst, die Selbstbeherrschung zu bewahren.

Nahe am Ziel zu sein, während der Feind noch weit entfernt ist; gelassen zu warten, während der Feind sich müht und schindet; gut genährt zu sein, während der Feind ausgehungert ist - dies ist die Kunst, die eigenen Kräfte einzuteilen.

Sich davor zurückzuhalten, einen Feind zu stellen, dessen Banner eine vollkommene Ordnung zeigen; sich davor zurückzuhalten, eine Armee anzugreifen, die ruhig und zuversichtlich im Verband anrückt - dies ist die Kunst, die Umstände zu studieren.

Es ist ein militärischer Leitsatz, nicht bergauf gegen den Feind anzutreten und sich ihm nicht zu stellen, wenn er bergab kommt.

Verfolge keinen Feind, der die Flucht vortäuscht. Greife keine Soldaten an, die auf den Kampf warten. Schlucke keinen Köder, den der Feind anbietet. Greife keine Armee an, die nach Hause zurückkehrt, denn ein Mann, der darauf brennt, nach Hause zurück zukehren, kämpft todesmutig gegen jeden, der sich ihm in den Weg stellt; deshalb ist er kein Gegner, den man angreifen sollte.

Lasse ein Schlupfloch frei, wenn du eine Armee umzingelst. Das bedeutet nicht, dass es dem Feind erlaubt wird zu fliehen.

Der Grund ist, ihn glauben zu machen, dass es einen Weg in die Sicherheit gibt, um ihn daran zu hindern, mit dem Mut der Verzweiflung zu kämpfen.

Denn du darfst einen verzweifelten Gegner nicht zu hart bedrängen.

Dies ist die Kunst der Kriegführung.

121

VIII. Taktische Varianten

Schlage kein Lager auf, wenn du in schwierigem Gelände bist. Schließe dich in Gegenden, wo sich große Straßen kreuzen, mit deinen Verbündeten zusammen. Halte dich nicht lange in gefährlich isolierten Positionen auf. Wenn du eingeschlossen wirst, musst du eine Kriegslist anwenden. Wenn du in einer hoffnungslosen Position bist, musst du kämpfen.

Es gibt Straßen, denen du nicht folgen, und Städte, die du nicht belagern darfst.

Es gibt Armeen, die nicht angegriffen werden dürfen, Stellungen, um die nicht gefochten, Befehle des Herrschers, denen nicht gehorcht werden darf.

Der General, der die Vorteile von taktischen Varianten gut versteht, weiß, wie er seine Truppen führen muss. Der General, der dies nicht versteht, wird trotz seiner Kenntnisse über die Eigenschaften des Landes nicht fähig sein, dieses Wissen praktisch anzuwenden.

In den Plänen des weisen Führers fließt die Betrachtung von Vorteilen und Nachteilen zusammen. Wenn unsere Erwartung eines Vorteils auf diese Weise gemäßigt wird, können wir den wesentlichen Teil unserer Pläne verwirklichen. Wenn wir andererseits auch in den größten Schwierigkeiten immer bereit sind, einen Vorteil zu ergreifen, können wir uns vor Unglück hüten.

Schwäche die feindlichen Anführer, indem du ihnen Schaden zufügst; mache ihnen Schwierigkeiten und halte sie ständig in Atem; täusche sie mit Verlockungen und lasse sie jeweils zu dem Ort eilen, den du bestimmst.

Die Kunst des Krieges lehrt uns, nicht darauf zu hoffen, dass der Feind nicht kommt, sondern darauf zu bauen, dass wir bereit sind, ihn zu empfangen; nicht auf die Möglichkeit, dass er nicht angreift, sondern auf die Tatsache, dass wir unsere Stellung uneinnehmbar gemacht haben.

Es gibt fünf gefährliche Fehler, die jeder General begehen kann. Die beiden ersten sind: Unbekümmertheit, da sie zur Vernichtung führt; und Feigheit, da sie zur Gefangennahme führt.

Der nächste ist ein empfindliches Ehrgefühl, das für Scham empfänglich ist; und ein ungezügeltes Temperament, das durch Beleidigungen provoziert werden kann.

Der letzte dieser Fehler ist übergroße Sorge um das Wohl der Männer, die den General anfällig macht für Kummer und Schwierigkeiten, denn am Ende leiden die Truppen mehr unter der Niederlage oder bestenfalls der Verlängerung des Krieges, welche die Folge sein werden.

Dies sind die fünf schrecklichen Sünden eines Generals, die für die Kriegführung verhängnisvoll sind.

Wenn eine Armee bezwungen und der Anführer erschlagen wird, ist gewiß einer dieser fünf gefährlichen Fehler die Ursache. Mache sie zum Gegenstand deiner Meditation.

IX. Die Armee auf dem Marsch

Wer nicht vorausdenkt, sondern seine Gegner zu leicht nimmt, wird gewiß von ihnen gefangen. Wenn die Armee lagern soll, dann überquere Berge rasch und halte dich in der Nähe von Tälern auf.

Lagere an hohen, sonnigen Orten. Nicht auf Bergen, sondern auf Erhebungen oder Hügeln, die aus dem Umland emporragen. Klettere nicht auf Anhöhen, um zu kämpfen.

Entferne dich sofort von einem Fluß, nachdem du ihn über-
quert hast. Wenn eine eindringende Streitmacht beim Mar-
schieren einen Fluß überquert, dann stelle sie nicht mitten
im Strom. Das beste ist, die Hälfte der Armee hinüber zu
lassen und dann anzugreifen.

Wenn du kämpfen willst, dann stelle den Eindringling nicht
in der Nähe eines Flusses, den er überqueren muss. Vertäue
dein Schiff statt dessen oberhalb vom Feind, und zwar gegen
die Sonne. Fahre nicht stromauf, um dich dem Feind zu stel-
len. Deine Flotte darf nicht stromab vom Feind verankert
sein, denn sonst könnte der Feind die Strömung für sich
nutzen und dich mit Leichtigkeit bezwingen.

Wenn du Salzsümpfe überquerst, muss es deine einzige Sor-
ge sein, sie ohne Verzögerung rasch hinter dir zu lassen,
denn dort gibt es kein Süßwasser, die Tiere finden kein Fut-
ter, und schließlich sind diese Gegenden niedrig gelegen,
flach und ungeschützt. Falls du gezwungen bist, in einem
Salzsumpf zu kämpfen, solltest du darauf achten, Wasser
und Gras in der Nähe zu haben und ein Gehölz im Rücken.

Auf trockenem, ebenem Grund suche dir eine leicht zugäng-
liche Stellung mit ansteigendem Gelände zu deiner Rechten
und hinter dir, so dass die Gefahr vor dir ist und die Sicher-
heit in deinem Rücken.

Jede Armee zieht hohes Gelände niedrigem vor, sonnige Posi-
tionen den Dunklen. Flaches Gelände ist nicht nur feucht
und ungesund, sondern auch ein Nachteil im Kampf. Wenn
du auf die Gesundheit deiner Männer achtest und auf har-
tem Untergrund lagerst, wird deine Armee von jeder Krank-
heit verschont bleiben, und dies wird dir zum Sieg verhelfen.

Wenn du einen Hügel oder ein Flußufer erreichst, dann be-
setze die sonnige Seite und achte darauf, dass der Hang
rechts in deinem Rücken ist. Dies ist besser für deine Solda-

ten, und du nutzt die natürlichen Vorteile des Geländes für dich.

Wenn dagegen durch schwere Gewitter im Oberland ein Fluß, den du überqueren willst, angeschwollen ist und Schaumkronen hat, dann warte, bis die Strömung nachläßt.

Gelände, in dem es Schluchten mit Gebirgsströmen gibt, tiefe natürliche Senken, von Schranken umgebene Stellen, undurchdringliche Dickichte, Sümpfe und Bodenspalten, solltest du meiden oder mit höchstmöglicher Geschwindigkeit verlassen.

Während wir uns von solchen Orten fernhalten, sollten wir den Feind zu ihnen hintreiben; während wir mit dem Gesicht zu ihnen stehen, sollte der Feind sie im Rücken haben.

Wenn es in der Nähe deines Lagers hügeliges Gelände gibt, Teiche, die von Wasserpflanzen umgeben sind, schilfbestandene Becken oder Wälder mit dichtem Unterholz, dann müssen sie sorgfältig erkundet und durchsucht werden; denn dies sind Orte, an denen der Feind uns einen Hinterhalt legen oder heimtückische Spione sich verstecken könnten.

Wenn der Feind in der Nähe ist und sich still verhält, dann baut er auf die natürliche Stärke seiner Position. Wenn er sich überheblich gibt und versucht, einen Kampf zu provozieren, dann will er, dass du den ersten Schritt tust. Wenn sein Lagerplatz leicht zugänglich ist, dann wirft er einen Köder aus.

Bewegen sich die Bäume eines Waldes, so ist das ein Zeichen für das Näherrücken eines Feindes. Wenn ein Kundschafter sieht, dass die Bäume eines Waldes sich bewegen und schwanken, sollte er erkennen, dass der Feind im Begriff ist, sie zu fällen, um einen Weg für seine Truppen zu bahnen. Das Auftauchen einiger Schutzschilde in dichtem Gras bedeutet, dass der Feind uns mißtrauisch machen will.

Wenn Vögel in ihrem Flug plötzlich höher steigen, ist dies ein Zeichen für einen Hinterhalt an der Stelle unter ihnen. Das Erschrecken wilder Tiere weist darauf hin, dass ein Überraschungsangriff bevorsteht.

Wenn Staub in einer hohen Säule emporsteigt, ist das ein Zeichen für näherrückende Wagen; wenn der Staub niedrig bleibt und sich über ein weites Gebiet ausbreitet, ist das ein Zeichen für das Vorrücken von Infanterie.

Wenn der Staub sich in verschiedene Richtungen verstreut, bedeutet dies, dass Gruppen zum Sammeln von Feuerholz ausgeschickt wurden. Einige wenige Staubwolken, die sich hin und her bewegen, zeigen an, dass die Armee lagert.

Demütige Worte und eifrige Vorbereitungen sind Zeichen dafür, dass der Feind vorrücken wird. Eine gemeine Sprache und wütendes Anstürmen, als wolle er angreifen, ist ein Zeichen dafür, dass er sich zurückziehen wird. Wenn die leichten Wagen zuerst kommen und an den Flügeln Position beziehen, ist es ein Zeichen, dass der Feind sich zum Kampf aufstellt. Friedensvorschläge, die nicht von einem beschworenen Abkommen begleitet werden, deuten auf einen Schachzug hin.

Wenn es viel Unruhe gibt und die Soldaten sich in Reih und Glied aufstellen, bedeutet dies, dass der entscheidende Augenblick gekommen ist. Wenn zu sehen ist, dass einige vorrücken und einige sich zurückziehen, ist es eine Täuschung.

Wenn die Soldaten sich beim Stehen auf ihre Speere stützen, dann sind sie schwach vor Hunger. Wenn jene, die zum Wasserholen geschickt werden, zuerst selbst trinken, dann leidet die Armee an Durst. Wenn der Feind einen Vorteil sieht und keinen Versuch macht, ihn zu nutzen, sind die Soldaten erschöpft.

Wenn sich Vögel an einer Stelle sammeln, ist sie nicht besetzt: eine nützliche Art festzustellen, ob der Feind heimlich sein Lager verlassen hat.

Lärm in der Nacht verrät Nervosität. Furcht macht ruhelos, so dass die Männer nachts laut rufen, um nicht den Mut zu verlieren. Wenn es Unruhe im Lager gibt, ist die Autorität des Generals schwach. Wenn die Banner und Flaggen bewegt werden, steht eine Meuterei bevor. Wenn die Offiziere zornig sind, bedeutet das, dass die Männer müde sind.

Wenn eine Armee die Pferde mit Korn füttert und das Vieh schlachtet, um zu essen, und wenn die Männer ihre Kochtöpfe nicht über die Lagerfeuer hängen und damit zeigen, dass sie nicht zu ihren Zelten zurückkehren werden, dann musst du wissen, dass sie entschlossen sind, bis zum Tode zu kämpfen.

Wenn Gesandte mit Artigkeiten geschickt werden, ist es ein Zeichen, dass der Feind einen Waffenstillstand wünscht.

Wenn die Truppen des Feindes zornig heranstürmen und lange vor uns stehen, ohne den Kampf zu beginnen oder unseren Abzug zu verlangen, erfordert die Lage große Wachsamkeit und Umsicht.

Überheblich zu beginnen und danach vor der Zahl des Feindes zurückzuschrecken ist ein Beweis für einen außergewöhnlichen Mangel von Intelligenz.

Wenn unsere Truppen dem Feind zahlenmäßig auch nicht überlegen sind, so reicht das doch aus; es bedeutet nur, dass ein direkter Angriff nicht möglich ist. Was wir tun können, ist einfach, unsere ganze verfügbare Kraft zu konzentrieren, den Feind genau zu beobachten und auf Verstärkung zu warten.

Der Anblick von Männern, die in kleinen Gruppen flüsternd zusammenstehen oder halblaut miteinander sprechen, ist ein Hinweis auf Unzufriedenheit in den Reihen. Zu häufige Belohnungen sind ein Zeichen dafür, dass der Feind am Ende seiner Kräfte ist, denn wenn eine Armee bedrängt ist, besteht immer die Gefahr einer Meuterei, und es werden großzügige Belohnungen gegeben, um die Männer bei Laune zu halten. Zu viele Bestrafungen sind ein Anzeichen für schlimme Nöte, denn in solchen Situationen läßt die Disziplin nach, und unnachgiebige Strenge ist nötig, um die Männer an ihre Pflichten zu erinnern.

Wenn Soldaten bestraft werden, bevor du sie für dich gewonnen hast, werden sie nicht unterwürfig sein; und wenn sie nicht unterwürfig sind, werden sie praktisch nutzlos sein. Werden jedoch, sobald die Soldaten dir zugetan sind, die verdienten Strafen nicht verhängt, dann werden die Männer ebenfalls nutzlos sein. Deshalb müssen Soldaten vor allem menschlich behandelt, doch mit eiserner Disziplin unter Kontrolle gehalten werden. Dies ist eine sichere Straße zum Sieg.

Wenn bei der Ausbildung der Soldaten jeder Verstoß bestraft wird, dann wird die Armee gut diszipliniert sein; wenn nicht, wird die Disziplin schlecht sein.

Wenn ein General sein Vertrauen zu seinen Männern zeigt, doch immer darauf besteht, dass seine Befehle befolgt werden, dann werden beide einen Gewinn daraus ziehen.

Die Kunst, Befehle zu geben, besteht darin, bei kleinen Verstößen nicht zu hart zu strafen und bei kleinen Zweifeln nicht zu schwanken. Unsicherheit und übergroße Strenge sind die sichersten Methoden, das Selbstvertrauen einer Armee zu untergraben.

X. Terrain

Wir können sechs Arten von Terrain unterscheiden: zugängliches Gelände, behinderndes Gelände, ausgleichendes Gelände, enge Pässe, steile Anhöhen, Positionen, die weit vom Feind entfernt sind.

Gelände, das von beiden Seiten frei betreten werden kann, wird zugänglich genannt. In diesem Gelände bekämpfst du den Feind, indem du die erhöhten und sonnigen Stellen besetzt und sorgfältig darauf achtest, dass deine Nachschublinien nicht unterbrochen werden. Dann kannst du mit einem Vorteil auf deiner Seite kämpfen.

Gelände, das verlassen werden kann, das jedoch schwer zurückzuerobern ist, wird behindernd genannt. Wenn der Feind unvorbereitet ist, kannst du aus einer solchen Position vorpreschen und ihn schlagen. Doch wenn der Feind auf dein Kommen vorbereitet ist und du ihn nicht schlägst, dann ist dir, da die Rückkehr nicht möglich ist, die Niederlage sicher.

Wenn die Position so ist, dass keine Seite gewinnt, wenn sie den ersten Schritt tut, wird das Gelände ausgleichend genannt, und die Situation ist festgefahren. Auch wenn in einer solchen Situation der Gegner einen attraktiven Köder anbietet, ist es ratsam, nicht vorzudringen; sondern sich zurückzuziehen, um dadurch umgekehrt den Feind zu verlocken; wenn dann ein Teil seiner Armee herausgekommen ist, kannst du angreifen und hast den Vorteil auf deiner Seite.

Wenn du enge Pässe vor deinem Feind besetzen kannst, dann lege dort starke Truppen in Garnison und warte das Kommen des Feindes ab. Wenn der Feind dir mit der Besetzung eines Passes zuvorkommt, dann verfolge ihn nicht, wenn der Paß voll bemannt ist, sondern nur, wenn er schwach bemannt ist.

Wenn du bei steilen Anhöhen deinem Gegner voraus bist, dann besetze die erhöhten und sonnigen Stellen und warte, bis er herauf kommt.

In Positionen, die weit vom Feind entfernt sind, ist es, wenn die Armeen gleich stark sind, nicht leicht, eine Schlacht zu provozieren, und ein Kampf wäre für dich von Nachteil.

Manchmal gerät eine Armee in eine Notlage, die keine natürlichen Gründe hat, sondern auf Fehlern beruht, für die der General verantwortlich ist. Dies sind: Flucht; Insubordination; Zusammenbruch; Ruin; Desorganisation; Niederlage.

Wenn zwei Streitkräfte aufeinanderprallen, von denen die zweite zehnmal so groß ist wie die erste, so wird, vorausgesetzt, die anderen Bedingungen sind gleich, das Ergebnis die Flucht der ersten sein.

Wenn die gemeinen Soldaten zu stark und die Offiziere zu schwach sind, dann ist das Ergebnis Insubordination.

Wenn die Offiziere zu stark und die gemeinen Soldaten zu schwach sind, ist das Ergebnis der Zusammenbruch. Wenn die höheren Offiziere zornig und ungehorsam sind und bei der Berührung mit dem Feind nach eigenem Ermessen und aus einem Gefühl der Abneigung heraus zur Schlacht rufen, bevor der Oberbefehlshaber entscheiden kann, ob die Position für einen Kampf geeignet ist oder nicht, dann ist das Ergebnis Ruin.

Wenn der General schwach ist und ohne Autorität; wenn seine Befehle nicht klar und deutlich sind; wenn den Offizieren und Mannschaften keine festgelegten Pflichten übertragen sind und die Reihen unordentlich und willkürlich aufgestellt werden, ist das Ergebnis schlimmste Desorganisation.

Wenn ein General, der nicht fähig ist, die Stärke des Feindes einzuschätzen, zuläßt, dass eine unterlegene Streitmacht eine überlegene angreift, oder wenn er eine schwache Abteilung gegen eine starke in den Kampf wirft und es versäumt, ausgewählte Soldaten in die erste Reihe zu stellen, muss das Ergebnis die Niederlage sein.

Es gibt sechs Möglichkeiten, die Niederlage herauszufordern: das Versäumnis, die Stärke des Feindes einzuschätzen; das Fehlen von Autorität; unzureichende Ausbildung; ungerechtfertigter Zorn; Nichtbeachtung der Disziplin; das Versäumnis, ausgewählte Männer einzusetzen.

All dies muss umsichtig von dem General beachtet werden, der einen verantwortungsvollen Posten inne hat.

Die natürliche Geländeform ist der beste Verbündete des Soldaten; doch die Fähigkeit, den Feind einzuschätzen, die zum Sieg führenden Kräfte zu kontrollieren, die Schwierigkeiten, Gefahren und Entfernungen genau zu kalkulieren - dies ist die Prüfung für einen großen General.

Wer diese Dinge kennt und im Kampf sein Wissen in die Praxis umsetzt, gewinnt seine Schlachten. Wer sie nicht kennt oder sein Wissen nicht in der Praxis beweist, wird gewiß geschlagen.

Wenn sicher ist, dass der Kampf mit einem Sieg endet, dann musst du kämpfen, auch wenn der Herrscher es verbietet; wenn der Kampf nicht mit einem Sieg enden wird, dann darfst du nicht kämpfen, auch wenn der Herrscher es befiehlt.

Der General, der angreift, ohne nach Ruhm zu schielen, und sich zurückzieht, ohne Ungnade zu fürchten, dessen einziger Gedanke der Schutz des Landes und der Dienst für seinen Herrscher ist, dieser General ist das Juwel des Königreichs.

Betrachte deine Soldaten wie deine Kinder, und sie werden dir in die tiefsten Täler folgen; betrachte sie wie deine geliebten Söhne, und sie werden bis zum Tod an deiner Seite stehen.

Wenn du aber nachgiebig bist, jedoch unfähig, deine Autorität durchzusetzen; freundlich im Herzen, jedoch unfähig, deinen Befehlen Gehör zu verschaffen; und wenn du außerdem unfähig bist, aufkommende Unruhe zu unterdrücken, dann werden deine Soldaten verdorbenen Kindern ähneln. Sie sind nutzlos für jeden praktischen Zweck.

Wenn wir wissen, dass unsere Männer zum Kampf bereit sind, doch übersehen, dass der Feind nicht angegriffen werden kann, dann haben wir nur den halben Weg zum Sieg zurückgelegt.

Wenn wir wissen, dass der Feind angegriffen werden kann, doch übersehen, dass unsere Männer nicht kämpfen können, dann haben wir nur den halben Weg zum Sieg zurückgelegt.

Wenn wir wissen, dass der Feind angegriffen werden kann, und wenn wir ebenfalls wissen, dass unsere Männer zum Kampf bereit sind, doch übersehen, dass die Natur des Terrains den Kampf unmöglich macht, haben wir immer noch nur den halben Weg zum Sieg zurückgelegt.

Wenn der erfahrene Soldat einmal in Bewegung ist, läßt er sich nicht verblüffen; wenn er das Lager abgebrochen hat, verläuft er sich nicht.

Deshalb der Spruch: Wenn du den Feind und dich selbst kennst, besteht kein Zweifel an deinem Sieg; wenn du Himmel und Erde kennst, dann wird dein Sieg vollständig sein.

XI. Die neun Situationen

Die Kunst des Krieges kennt neun Arten des Geländes: auseinandersprengendes Gelände; leichtes Gelände; umstrittenes Gelände; offenes Gelände; Gelände mit kreuzenden Straßen; gefährliches Gelände; schwieriges Gelände; eingeengtes Gelände; hoffnungsloses Gelände.

Wenn ein Befehlshaber auf seinem eigenen Gelände kämpft, dann ist es auseinandersprengendes Gelände; es wird so genannt, weil die Soldaten, die ihren Heimen nahe sind und ihre Frauen und Kinder sehen wollen, gern die Gelegenheit ergreifen, die eine Schlacht bietet, um sich in alle Richtungen zu verstreuen.

Wenn er in feindliches Gebiet vorgedrungen ist, doch noch nicht sehr weit, dann ist es leichtes Gelände.

Gelände, das für beide Seiten sehr vorteilhaft ist, wird umstrittenes Gelände genannt.

Gelände, auf dem beide Seiten sich frei bewegen können, heißt offenes Gelände.

Gelände, das den Schlüssel zu drei aneinandergrenzenden Staaten bildet, so dass der erste, der es besetzt, den größten Teil des Königreichs in seiner Gewalt hat, heißt Gelände mit Kreuzenden Straßen.

Wenn eine Armee ins Herz des feindlichen Landes vorgedrungen ist und eine Anzahl befestigter Städte im Rücken hat, dann ist dies gefährliches Gelände.

Bergwälder, zerklüftete Steilhänge, Marsche und Moore - jedes Gelände, das schwer zu durchqueren ist: Dies ist schwieriges Gelände.

Gelände, das durch enge Schluchten zu erreichen ist und aus dem wir uns nur auf mühseligen Pfaden zurückziehen kön-

nen, so dass eine kleine Anzahl von Feinden ausreicht, um eine große Abteilung unserer Männer zu töten: Dies ist eingeengtes Gelände.

Gelände, auf dem wir dem Untergang nur entgehen, wenn wir ohne Zögern kämpfen: Dies ist hoffnungsloses Gelände.

Auf auseinandersprengendem Gelände darfst du deshalb nicht kämpfen. Auf leichtem Gelände nicht halten. Auf umstrittenem Gelände nicht angreifen.

Versuche auf offenem Gelände nicht, dem Feind den Weg zu versperren. Schließe dich im Gelände mit kreuzenden Straßen mit deinen Verbündeten zusammen.

Bereichere dich in gefährlichem Gelände durch Plünderungen. Marschiere in schwierigem Gelände stetig weiter.

Benutze in eingeengtem Gelände Kriegslisten. Kämpfe in hoffnungslosem Gelände.

Jene, die früher kluge Führer genannt wurden, wußten, wie sie zwischen die Vorhut und die Nachhut des Feindes einen Keil treiben konnten; wie sie die Zusammenarbeit zwischen seinen großen und kleinen Abteilungen vereiteln konnten; wie sie die guten Truppen davon abhalten konnten, die schlechten zu retten, die Offiziere, die Männer zusammenzurufen.

Wenn die Männer des Feindes verstreut waren, hinderten sie sie daran, sich zu konzentrieren; selbst wenn die Kräfte des Feindes geeint waren, gelang es ihnen, sie nicht zur Ruhe kommen zu lassen. Wenn es ihnen einen Vorteil erbrachte, stürmten sie vor; wenn nicht, hielten sie inne.

Wenn du gefragt wirst, wie du mit einem großen Verband des Feindes umgehen willst, der in ordentlichen Reihen heranmarschiert und sich zum Kampf stellen will, dann antworte:

»Beginnt, indem ihr etwas nehmt, das eurem Gegner teuer ist. Dann wird er sich eurem Willen unterwerfen.«

Schnelligkeit ist eine wichtige Eigenschaft im Krieg. Nutze sie zu deinem Vorteil, wenn der Feind nicht bereit ist, gehe über unerwartete Straßen und greife unbewachte Orte an.

Nun folgen die Prinzipien, die von einer eindringenden Armee beachtet werden müssen. Je weiter du in ein Land vorstößt, desto größer ist die Solidarität deiner Truppen, und deshalb werden die Verteidiger dich nicht bezwingen können. Plündere fruchtbares Land, um deine Armee mit Nahrung zu versorgen.

Achte sorgfältig auf das Wohlbefinden deiner Männer und überschätze sie nicht. Konzentriere deine Energie und gehe sparsam mit deinen Kräften um. Halte deine Armee immer in Bewegung und entwerfe undurchschaubare Pläne.

Bringe deine Soldaten in Positionen, aus denen es keinen Fluchtweg gibt, und sie werden den Tod der Flucht vorziehen. Wenn sie den Tod vor sich sehen, gibt es nichts, was sie nicht erreichen können.

Offiziere und Männer werden gleichermaßen ihre äußerste Kraft aufwenden. Soldaten in verzweifelter Lage verlieren jedes Gefühl von Furcht. Wenn es keinen Fluchtweg gibt, bleiben sie standhaft. Wenn sie im Herzen eines feindlichen Landes sind, bilden sie eine unwiderstehliche Front. Wenn sie keine Hilfe erwarten, werden sie hart kämpfen.

So bleiben die Soldaten, ohne Befehle zu erwarten, ständig wachsam, und sie tun, was du willst, ohne angeleitet zu werden; sie werden ohne Vorbehalte treu sein; du kannst ihnen trauen, ohne Befehle geben zu müssen.

Verbiete die Befragung des Orakels und bekämpfe abergläubische Zweifel. Dann musst du, bis der Tod selbst kommt, keinerlei Unheil fürchten.

Wenn Soldaten nicht mit Geld überhäuft werden, dann liegt dies nicht daran, dass sie keinen Geschmack an Reichtümern hätten; wenn ihr Leben nicht ungewöhnlich lang ist, dann liegt dies nicht daran, dass sie nicht zur Langlebigkeit neigten.

Am Tag, an dem sie in die Schlacht geschickt werden, weinen deine Soldaten vielleicht; einige sitzen aufrecht und benetzen ihre Kleider, einige liegen auf dem Boden und lassen Tränen die Wangen herunterlaufen.

Doch sie tun dies nicht, weil sie Angst haben, sondern weil sie fest entschlossen sind, zu siegen oder zu sterben. Und wenn sie im Kampf stehen, werden sie den Mut eines Zhuan Zhu oder eines Cao Gui zeigen.

(Zhuan Zhu, der aus dem Staat Wu stammte und ein Zeitgenosse Sun Tzus war, wurde von Kongzi Guang, eher bekannt als Helu-Wang, gedungen, um den Herrscher Wang Liao mit einem Dolch, den er im Bauch eines bei einem Festmahl servierten Fisches versteckte, zu ermorden. Der Mordversuch gelang, doch Zhuan Zhu wurde sofort von der Leibwache des Königs in Stücke gehackt. Dies geschah im Jahre 515 v. Chr.

Der zweite erwähnte Held, Cao Gui, kam im Jahre 681 v. Chr. zu Berühmtheit. Lu war dreimal von Qi besiegt worden und war bereit, einen Vertrag zu unterzeichnen, mit dem ein großes Gebiet abgetreten werden sollte, als Cao Gui plötzlich Huan-gong, den Herzog von Qi, der auf den Altarstufen stand, packte und ihm einen Dolch an die Brust hielt. Keiner der Wächter des Herzogs wagte, einen Finger zu rühren, als Cao Gui die Rückgabe des Landes verlangte und erklärte, dass Lu ungerecht behandelt worden sei, weil es das kleinere und schwächere Land sei. Huan-gong, der um sein Leben fürchtete, musste zustimmen, worauf Cao Gui seinen Dolch fortschleuderte und still und ungerührt seinen Platz in der erschreckten Versammlung wieder einnahm. Wie nicht anders zu erwarten, wollte der Herzog danach den Handel verwerfen, doch sein weiser alter Berater Guan Zhong erklärte ihm, wie gefährlich es sei, sein Wort zu brechen, und das Ergebnis war, dass Lu durch diesen kühnen Streich alles zurückbekam, was er in drei Schlachten verloren hatte.)

Der geschickte Taktiker kann mit der Shuairan verglichen werden. Die Shuairan ist eine Schlange, die in den Chang Bergen gefunden wird.

Schlage ihr auf den Kopf, und der Schwanz wird dich angreifen; schlage ihr auf den Schwanz, und der Kopf wird dich angreifen; schlage sie in der Mitte, und Kopf und Schwanz werden dich angreifen.

Wenn du gefragt wirst, ob eine Armee die Shuairan imitieren kann, dann antworte mit Ja. Denn die Männer von Wu und die Männer von Yue sind Feinde; doch wenn sie im gleichen Boot einen Fluß überqueren und von einem Sturm überrascht werden, helfen sie einander, wie die linke Hand der Rechten hilft.

Es reicht nicht, Pferde anzubinden und Wagenräder im Boden einzugraben. Es reicht nicht, die Flucht durch solche mechanischen Mittel unmöglich zu machen. Du hast keinen Erfolg, wenn deine Männer nicht standhaft und im Willen geeint sind; vor allem müssen sie von einem Gemeinschaftsgefühl beseelt sein. Dies ist die Lektion, die von der Shuairan gelernt werden kann.

Das Prinzip, nach dem eine Armee geführt werden muss, besteht darin, ein Mindestmaß an Mut festzusetzen, das alle beweisen müssen.

Das Beste aus starken und schwachen Punkten zu machen ist eine Sache, die mit der richtigen Nutzung des Geländes zu tun hat.

Der kluge General führt seine Armee genauso, als führte er einen einzelnen Mann an der Hand.

Es ist die Aufgabe des Generals, zu schweigen und damit für Geheimhaltung zu sorgen; standhaft und gerecht, um damit die Ordnung aufrechtzuerhalten. Er muss fähig sein, seine Offiziere und Männer mit falschen Berichten und Täuschungen zu verwirren, um sie völlig unwissend zu halten.

Indem er seine Vorkehrungen ändert und seine Pläne anpaßt, hält der kluge General den Feind unwissend.

Indem er sein Lager verlegt und Umwege nimmt, verhindert er, dass der Feind seine Absicht erkennt.

Im kritischen Augenblick handelt der Anführer einer Armee wie ein Mann, der hochgestiegen ist und dann die Leiter unter sich wegstößt. Er führt seine Männer tief ins Feindesland, bevor er seine Absicht zeigt.

Er verbrennt seine Boote und zerbricht sein Kochgeschirr; wie ein Schäfer, der seine Schafherde treibt, treibt er seine Männer hierhin und dahin, und niemand weiß, wohin es geht.

Sein Heer zu versammeln und es in Gefahr zu bringen - dies kann man die Angelegenheit des Generals nennen.

Die verschiedenen Maßnahmen, die den neun Geländearten entsprechen; die Anwendung aggressiver oder defensiver Taktiken; und die grundlegenden Gesetze der menschlichen

Natur: Dies sind die Dinge, die gewissenhaft studiert wer-
den müssen.

Beim Eindringen in Feindesland ist das allgemeine Prinzip,
dass tiefes Eindringen Zusammenhalt erzeugt; nur ein kurz-
es Stück einzudringen bringt Auflösung.

Wenn du dein Heimatland verläßt und deine Armee durchs
Nachbargebiet führst, befindest du dich auf kritischem Ge-
lände.

Wenn es Verbindungswege in alle vier Richtungen gibt, bist
du in einem Gelände mit kreuzenden Straßen. Wenn du tief
in ein Land eindringst, ist es gefährliches Gelände.

Wenn du nur ein kurzes Stück eindringst, ist es leichtes Ge-
lände.

Wenn du die Befestigungen des Feindes im Rücken hast und
schmale Pässe vor dir, ist es eingeengtes Gelände. Wenn es
keinen Fluchtweg mehr gibt, ist es hoffnungsloses Gelände.

Inspiriere deine Männer in auseinandersprengendem Gelän-
de mit dem Gedanken der Einheit. In leichtem Gelände achte
darauf, dass alle Teile der Armee untereinander in Verbin-
dung stehen. Ziehe in umstrittenem Gelände deine Nachhut
nahe heran. Achte in offenem Gelände wachsam auf deine
Verteidigung, denn du musst mit einem Überraschungsan-
griff rechnen. In Gelände mit kreuzenden Straßen versichere
dich der Treue deiner Verbündeten.

In gefährlichem Gelände sorge dafür, dass der Strom des
Nachschubs nicht abreißt. Bewege dich in schwierigem Ge-
lände ständig weiter.

Blockiere in eingeengtem Gelände jede Rückzugsmöglichkeit,
um den Anschein zu erwecken, dass du deine Position ver-
teidigen willst, während es deine wirkliche Absicht ist, plötz-
lich durch die feindlichen Reihen zu brechen.

In hoffnungslosem Gelände erkläre deinen Soldaten, dass sie keine Aussicht haben, ihr Leben zu retten. Die einzige Chance zu leben liegt darin, die Hoffnung auf das Leben aufzugeben.

Denn es ist die Art des Soldaten, störrisch Widerstand zu leisten, wenn er umzingelt wird, hart zu kämpfen, wenn er sich nicht zu helfen weiß, und prompt zu gehorchen, wenn er in Gefahr geraten ist.

Wir können mit benachbarten Fürsten kein Bündnis eingehen, wenn wir nicht ihre Absichten kennen. Wir sind nicht fähig, eine Armee auf den Marsch zu führen, solange wir nicht mit der Gestalt des Landes vertraut sind - mit seinen Bergen und Wäldern, seinen Senken und Steilklippen, seinen Marschen und Sümpfen. Wir sind unfähig, natürliche Vorteile für uns zu nutzen, solange wir keine eingeborenen Führer einsetzen.

Für einen kriegerischen Fürsten geziemt es sich nicht, eins der folgenden vier oder fünf Prinzipien zu mißachten.

Wenn ein kriegerischer Fürst einen mächtigen Staat angreift, dann zeigt sich seine Erfahrung darin, dass er die Konzentration der feindlichen Streitkräfte verhindert.

Er versetzt seine Gegner in Angst und Schrecken, und ihre Verbündeten werden daran gehindert, sich mit ihnen zusammenzuschließen.

Wenn du einen mächtigen Staat angreifst, wirst du an Kräften überlegen sein, wenn du seine Streitkräfte aufteilen kannst;

wenn du an Kräften überlegen bist, wirst du den Feind in Angst versetzen; wenn du den Feind in Angst versetzt, werden die Nachbarstaaten dich fürchten; wenn die Nachbar-

staaten dich fürchten, werden die Verbündeten des Feindes gehindert, sich mit ihm zusammenzuschließen.

Also versucht der weise Anführer nicht, sich mit allem und jedem zu verbünden, und er fordert nicht offen die Macht anderer Staaten heraus.

Er führt seine eigenen geheimen Pläne aus und achtet darauf, dass seine Gegner ihn fürchten. So ist er fähig, die feindlichen Städte einzunehmen und die feindlichen Königreiche zu unterwerfen.

Verteile Belohnungen, ohne Regeln zu befolgen, gebe Befehle, ohne vorherige Planungen zu berücksichtigen, und du wirst fähig sein, eine ganze Armee zu handhaben, als hättest du es nur mit einem einzigen Mann zu tun. Um Verrat zu verhindern, solltest du deine Pläne nicht vorher ausbreiten. In deinen Regeln und Plänen sollte es keine Starrheit geben.

Konfrontiere deine Soldaten mit der Tat selbst, laß sie nie von deinem Vorhaben erfahren. Wenn die Aussichten gut sind, führe es ihnen vor Augen, doch sage ihnen nichts, wenn Unheil droht. Schicke deine Armee in tödliche Gefahr, und sie wird überleben; schicke sie in eine verzweifelte Situation, und sie wird sie überwinden.

Denn genau in dem Augenblick, da eine Streitmacht dem Untergang geweiht ist, ist sie fähig, mit einem Schlage den Sieg zu erringen.

Wir können in der Kriegführung erfolgreich sein, wenn wir uns vorsichtig an die Absichten des Feindes anpassen. Wenn der Feind die Neigung zeigt vorzustürmen, dann verlocke ihn dazu, es zu tun;

wenn er sich hastig zurückziehen will, dann zögere absichtlich, damit er sein Vorhaben ausführen kann.

Indem wir uns beständig an der Flanke des Feindes halten, sollte es uns auf lange Sicht möglich sein, den Oberbefehlshaber zu töten - eine wichtige Tat im Krieg.

Am Tage, an dem du das Kommando übernimmst, musst du die Grenzpässe blockieren, die offiziellen Grenzwachen zerstören und die Durchreise aller Gesandten in das Feindesland oder aus ihm heraus unterbinden.

Sei in der Ratskammer unerbittlich, damit du die Situation beherrschen kannst. Wenn der Feind eine Tür offen läßt, musst du hinein stürmen.

Komme deinem Gegner zuvor, indem du ergreifst, was ihm teuer ist, und versuche, den Zeitpunkt seiner Ankunft auf dem Gelände genau abzuschätzen.

Benutze den Weg, den die Regel bestimmt, und mache dich mit dem Feind vertraut, bis du eine entscheidende Schlacht schlagen kannst.

Dann zeige zuerst die Schüchternheit eines Mädchens, bis dein Feind den ersten Zug macht; danach entwickle die Geschwindigkeit eines rennenden Hasen, und für den Feind wird es zu spät sein, sich dir zu widersetzen.

XII. Angriff durch Feuer

Es gibt fünf Möglichkeiten, mit Feuer anzugreifen. Die erste besteht darin, die Soldaten in ihrem Lager zu verbrennen; die zweite, Vorräte zu verbrennen; die dritte ist es, Gepäckzüge zu verbrennen; die vierte, Arsenale und Magazine zu verbrennen;die fünfte, Feuer zwischen die Reihen des Feindes zu schleudern.

Um mit Feuer anzugreifen, müssen wir entsprechend ausgerüstet sein; das Material zum Entzünden eines Feuers sollte immer bereit gehalten werden.

Es gibt eine Jahreszeit, die geeignet ist für Angriffe mit Feuer, und bestimmte Tage, um einen Brand anzufachen.

Die geeignete Jahreszeit ist die, wenn das Wetter sehr trocken ist. Die bestimmten Tage sind jene, wenn der Mond in den Zeichen des Siebes, der Mauer, des Flügels oder der Sprosse steht, denn diese vier sind Tage des aufkommenden Windes.

Wenn du mit Feuer angreifst, musst du auf fünf mögliche Entwicklungen vorbereitet sein.

Wenn im Lager des Feindes ein Feuer ausbricht, musst du sofort mit einem Angriff von außen reagieren.

Wenn ein Feuer ausbricht, doch die Soldaten des Feindes ruhig bleiben, dann laß dir Zeit und greife nicht an.

Wenn die Gewalt der Flammen ihren Höhepunkt erreicht hat, dann greife sofort an, wenn es möglich ist; wenn nicht, bleibe, wo du bist.

Wenn es möglich ist, von außen mit Feuer anzugreifen, dann warte nicht, bis es drinnen ausbricht, sondern greife in einem günstigen Augenblick an.

Wenn du ein Feuer entzündest, dann halte dich windwärts.

Greife nicht gegen den Wind an. Wenn der Wind aus Osten kommt, dann lege im Osten des Feindes Feuer und folge mit deinem Angriff von dieser Seite. Wenn du das Feuer auf der Ostseite legst und vom Westen angreifst, wirst du auf die gleiche Weise leiden wie dein Feind.

Ein Wind, der sich tagsüber erhebt, ist stetig, doch eine nächtliche Brise schläft bald wieder ein.

In jeder Armee müssen die fünf Entwicklungen, die mit Feuer zu tun haben, bekannt sein; die Bewegungen der Sterne müssen berechnet werden, und du musst auf die geeigneten Tage achten.

Wer beim Angriff Feuer zu Hilfe nimmt, zeigt Intelligenz. Wer beim Angriff Wasser zu Hilfe nimmt, gewinnt zusätzlich Kraft. Mit Hilfe von Wasser kann ein Feind aufgehalten werden, doch du kannst ihm nicht seinen ganzen Besitz rauben.

Unglücklich ist das Schicksal jener, die versuchen, ihre Schlachten zu gewinnen und ihre Angriffe erfolgreich zu führen, ohne dass sie den Wagemut fördern, denn das Ergebnis ist Zeitverschwendung und allgemeiner Stillstand. Der erleuchtete Herrscher arbeitet seine Pläne lange vorher aus; der gute General nutzt seine Kräfte. Er herrscht über die Soldaten durch seine Autorität, schweißt sie zusammen durch Treu und Glauben und macht sie sich durch Belohnungen zu Diensten. Wenn der Glaube nachläßt, wird es zur Zerrüttung kommen, wenn die Belohnungen ausbleiben, wird man die Befehle nicht beachten.

Bewege dich nicht, wenn du keinen Vorteil siehst; setze deine Truppen nicht ein, wenn es nichts zu gewinnen gibt; kämpfe nicht, wenn die Lage nicht kritisch ist. Kein Herrscher sollte Truppen ins Feld schicken, nur um einer Laune nachzugeben; kein General sollte aus Verärgerung eine Schlacht beginnen.

Zorn mag sich mit der Zeit in Freude verwandeln; auf Verärgerung mag Zufriedenheit folgen. Doch ein Königreich, das einmal zerstört wurde, kann nie wieder errichtet werden; und auch die Toten können nicht ins Leben zurückgeholt werden.

So ist der erleuchtete Herrscher umsichtig, und der gute General voller Vorsicht. Dies ist der Weg, ein Land in Frieden und eine Armee intakt zu halten.

XIII. Der Einsatz von Spionen

Ein Heer von hunderttausend Männern auszuheben und mit ihnen über weite Entfernungen zu marschieren bedeutet große Verluste an Menschen und eine Belastung der Staatsschätze.

Die täglichen Ausgaben werden bis zu hunderttausend Unzen Silber betragen. Zu Hause und in der Ferne wird es Unruhe geben, und Männer werden erschöpft auf den Straßen zusammenbrechen. Mindestens siebenhunderttausend Familien werden bei ihrer Arbeit behindert.

Feindliche Armeen können sich jahrelang gegenüberstehen und um den Sieg ringen, der an einem einzigen Tag erkämpft wird. Da dies so ist, ist es der Gipfel der Unmenschlichkeit, über die Verfassung des Feindes im unklaren zu bleiben, nur weil man die Ausgabe von hundert Unzen Silber für Belohnungen und Sold scheut.

Wer so handelt, kann Männer nicht führen, kann seinem Herrscher keine wertvolle Hilfe sein, kann den Sieg nicht erringen.

Was den weisen Herrscher und den guten General befähigt zuzuschlagen und zu siegen und Dinge zu erreichen, die außerhalb der Fähigkeiten gewöhnlicher Männer liegen, ist Vorherwissen. Doch dieses Vorherwissen kann nicht Geistern entlockt werden; es kann nicht aus der Erfahrung und auch durch keine Schlussfolgerung gewonnen werden.

Das Wissen um die Pläne des Feindes kannst du nur von anderen Männern erhalten. Die Kenntnis der Geisterwelt wird durch das Orakel erlangt; Informationen in Naturwissenschaften können durch Erfahrungswerte gewonnen werden; die Gesetze des Universums können durch mathematische Schlüsse bewiesen werden. Doch die Pläne des Feindes sind durch Spione und nur durch sie zu ermitteln.

Deshalb der Einsatz von Spionen, von denen es fünf Klassen gibt: eingeborene Spione; innere Spione; übergelaufene Spione; todgeweihte Spione; überlebende Spione.

Wenn alle diese fünf Arten im Einsatz sind, kann keiner das geheime Netz entdecken. Dies nennt man »göttliche Handhabung der Fäden«. Es ist die wertvollste Fähigkeit des Herrschers.

Eingeborene Spione zu haben bedeutet, sich der Dienste der Einwohner eines Gebietes zu versichern. Im Land des Feindes musst du Leute durch freundliche Behandlung für dich gewinnen und als Spione benutzen.

Innere Spione zu haben bedeutet, die Beamten des Feindes zu benutzen. Wertvolle Männer, die degradiert wurden; Kriminelle, die eine Bestrafung hinter sich haben; auch Lieblingskonkubinen, die gierig auf Gold sind; Männer, die verbittert sind, weil sie in untergeordneten Positionen sind oder bei der Verteilung von Posten übergangen wurden; andere, die wollen, dass ihre Seite geschlagen wird, damit sie eine Chan-

ce haben, ihre Fähigkeiten und Talente zu zeigen; Fähnlein im Winde, die in beiden Türen einen Fuß haben wollen.

Beamte dieser Art sollten heimlich aufgesucht und mit reichen Geschenken auf die eigene Seite gebracht werden. Auf diese Weise wirst du fähig sein, die Verfassung des feindlichen Landes zu erkennen und die Pläne zu erfahren, die gegen dich geschmiedet werden; und außerdem kannst du die Harmonie stören und einen Keil zwischen den Herrscher und seine Minister treiben. Doch es ist äußerste Vorsicht geboten, wenn man sich mit inneren Spionen einläßt.

Todgeweihte Spione zu haben bedeutet, gewisse Dinge öffentlich zum Zwecke der Täuschung zu tun und zuzulassen, dass unsere eigenen Spione von ihnen erfahren und sie, da sie hintergangen wurden, dem Feind berichten. Diese Dinge sind auf die Täuschung unserer eigenen Spione ausgerichtet und sollen sie glauben machen, dass sie unabsichtlich bloßgestellt wurden. Wenn diese Spione dann hinter den Linien des Feindes gefangen werden, geben sie einen völlig falschen Bericht ab, und der Feind wird sich entsprechend verhalten, nur um festzustellen, dass wir etwas völlig anderes tun. Daraufhin wird man die Spione zum Tode verurteilen.

Überlebende Spione sind schließlich jene, die Informationen aus dem Lager des Feindes zurückbringen. Dies ist die übliche Klasse von Spionen, die in keiner Armee fehlen darf. Dein überlebender Spion muss ein Mann von überragendem Verstand sein, doch mit der äußeren Erscheinung eines Narren; von schäbigem Äußeren, doch mit einem eisernen Alen. Er muss tatkräftig sein, widerstandsfähig, stark und mutig: gründlich gewöhnt an alle Sorten Schmutzarbeit, fähig, Hunger und Kälte zu ertragen und Schmach und Schande auf sich zu laden.

Es darf in der ganzen Armee keine vertrauteren Beziehungen geben als jene, die mit Spionen aufrechterhalten werden. Kei-

ne andere Beziehung sollte großzügiger belohnt werden. In keiner anderen Beziehung sollte größere Diskretion geübt werden.

Spione können ohne eine gewisse intuitive Klugheit nicht nützlich eingesetzt werden. Bevor wir Spione benutzen, müssen wir uns der Rechtschaffenheit ihres Charakters und des Ausmaßes ihrer Erfahrung und Geschicklichkeit versichern.

Ein unverschämtes Auftreten und ein Hang zur Verschlagenheit sind gefährlicher als Berge oder Flüsse; es braucht einen weisen Mann, diese zu durchschauen.

Spione können nicht ohne Wohlwollen und Aufrichtigkeit geführt werden. Ohne scharfe geistige Gewandtheit können wir nicht sicher sein, was an ihren Berichten wahr ist.

Sei umsichtig! Und benutze deine Spione für jede Unternehmung.

Wenn eine geheime Nachricht von einem Spion verbreitet wird, bevor die Zeit reif ist, muss er zusammen mit demjenigen, dem das Geheimnis erzählt wurde, getötet werden.

Ob es darum geht, eine Armee zu zerschmettern, eine Stadt zu stürmen oder einen einzelnen zu ermorden, es ist immer nötig, zu Anfang die Namen der Wächter herauszufinden, der Adjutanten, der Türsteher und der Leibwächter des befehlshabenden Generals. Wir müssen unseren Spionen auftragen, diese Namen in Erfahrung zu bringen.

Die Spione des Feindes, die zum Spionieren zu uns kommen, müssen entdeckt, mit Geldbestechungen verlockt, fortgeführt und bequem untergebracht werden. So werden sie zu übergelaufenen Spionen und stehen uns zur Verfügung.

Durch die Informationen, die der übergelaufene Spion bringt, können wir eingeborene und innere Spione anwer-

ben. Wir müssen den übergelaufenen Spion in unsere Diens-
te locken, weil er es ist, der weiß, welche Einwohner geldgie-
rig und welche Beamten bestechlich sind.

Und seine Informationen machen es weiterhin möglich, den
todgeweihten Spion mit falschen Informationen zum Feind
zu schicken. Und schließlich kann durch seine Informationen
der überlebende Spion zu bestimmten Zwecken benutzt wer-
den.

Das Ziel und der Sinn der Spionage in allen fünf Erschei-
nungsformen ist es, Wissen über den Feind zu erlangen; und
dieses Wissen kann in erster Linie nur vom übergelaufenen
Spion kommen. Er bringt nicht nur selbst Informationen,
sondern er macht es auch möglich, die anderen Arten von
Spionen vorteilhaft zu nutzen. So ist es wichtig, dass der ü-
bergelaufene Spion mit äußerster Großzügigkeit behandelt
wird.

Der Aufstieg der Yin-Dynastie war hauptsächlich Yi Ji zu
verdanken, der unter den Xia gedient hatte. Gleichermaßen
war der Aufstieg der Zhou-Dynastie Lu Ya zu verdanken,
der unter den Yin gedient hatte.

So wird der erleuchtete Herrscher und der weise General die
Intelligentesten seiner Armee als Spione einsetzen und auf
diese Weise hervorragende Erfolge erzielen.

Spione sind ein äußerst wichtiges Element des Krieges, denn
von ihnen hängt die Fähigkeit der Armee ab, sich zu bewe-
gen.

Weitere Bücher des Autors:

Mittelalterlicher Bergbau am Nordrand der Baar

Im Jahr 1989 wurden, auf Wunsch der Gemeindeverwaltung Niedereschach, die beiden Stollen "Otto am Kohlerberg" und "Karl im Mailänder" aufgewältigt.

Zwei typisch spätmittelalterliche Bergwerke auf Silber, Blei und Kupfer.

Dieses Buch erzählt die wechselhafte Geschichte über den Bergbau in einer Gemeinde im Schwarzwald und das Leben der Bergleute vom sechzehnten bis achtzehnten Jahrhundert. Ebenso über die Aufgaben, Probleme und Lösungen der kleinen Gruppe, welche den fast vergessenen Bergbau und die beiden Stollen wieder zugängig machte und erforschte. Ergänzt um ganz persönliche Erfahrungen des Autors, der zwanzig Jahre lang die Grabungen leitete.

Mit über 100 farbigen Abbildungen und einmaligen Fotos von den Arbeiten über und unter Tage, wird die über 500jährige Geschichte dieser Bergwerke lebendig.

Selbstverteidigung 50plus

Alle 9 Minuten wird in Deutschland jemand Opfer einer Gewalttat auf offener Straße.

Gerade für die Selbstverteidigung bei Menschen über 50 gelten drei Prinzipien:

Die potentiellen Gefahren von Orten einzuschätzen, im Zweifel von vorn hinein zu meiden oder sie auf geeignete Art zu verlassen, ist das erste Prinzip.

Das zweite Prinzip ist, dass es wichtig ist kein Opfertyp zu sein. Einfache Methoden helfen zu einem Selbstbewusstsein zu finden, dass man als Opfer nicht so leicht in Betracht gezogen wird.

Die allermeisten Täter suchen Opfer und keine Gegner. Im Vordergrund steht dabei die Frage woher Ängste kommen, wie man sie abschwächen oder ganz aus dem Weg räumen kann. Dieses Buch zeigt auf was im Körper unter Höchststess passiert und wie man diese Wirkungen positiv nutzen kann. Kennt man die Arten der Gewalt und weiß wo sie auftreten, kann man angemessen darauf reagieren. Das dritte Prinzip ist, dass es bei einer körperlichen Auseinandersetzung wichtig ist, dass die aufgezeigten Techniken effektiv sind. Deshalb wird auf komplizierte Hebel, Würfe oder ähnliche Techniken, die jahrelanges Training mit möglichst vielen Trainingspartnern erfordern, verzichtet. Das Buch beschränkt sich auf ein Konzept, das aus den philippinischen Kampfkünsten kommt und ausreicht, um vielfältige Angriffe erfolgreich abwehren zu können. Nicht die Art des Angriffs steht dabei im Vordergrund, sondern die Distanz in der sich der Angreifer zum Verteidiger befindet. Abgerundet wird das Buch durch eine Erläuterung über das Notwehrrecht, wie man Zivilcourage zeigen kann, ohne sich selbst zu gefährden und was beim Kauf und Einsatz legaler Selbstverteidigungswaffen zu beachten ist.

Selbstverteidigung 50plus

Vorbeugen und effektiv handeln in Notwehrsituationen

Dave Coleman